Hans Engels

Das Wunder der Weihnacht

Hans Engels

Das Wunder der Weihnacht

Ein Lese- und Vorlesebuch für die ganze Familie

Bernardus-Verlag 2007

Impressum:

Titelgestaltung:
Druck- & Verlagshaus
MAINZ GmbH

BERNARDUS-VERLAG

Büro: Abtei Mariawald
52396 Heimbach / Eifel
Tel.: 0 24 46 / 95 06 15
Fax: 0 24 46 / 95 06 15

Zentrale: Verlag MAINZ
Süsterfeldstraße 83
52072 Aachen

Internet: http://www.verlag-mainz.de
e-mail: bernardus@verlag-mainz.de

Druck
Druck- & Verlagshaus MAINZ GmbH
Süsterfeldstraße 83
D -52072 Aachen

Bildnachweis:
Einbandfoto von Thomas Engels,
Krippe der Pfarrgemeinde Herz Jesu in Bergisch Gladbach - Schildgen

Texte der frohen Botschaft aus:
Die Bibel - Einheitsübersetzung - , Herder Verlag

CIP – Kurztitelaufnahme der Deutschen Bibliothek

ISBN 10 3-8107-9267-5
ISBN 13 9 783810 792679

Meiner lieben Frau
und
allen meinen Kindern
und
den Menschen,
die mir nahe stehen

Zum Geleit

Hoffnung

Lieber Mitmensch,
jeder Mensch ist ein Wunder.

Auch Du bist ein Wunder.

Denn in jedem Menschen
wohnt etwas Göttliches.

Gott hat es in seine Schöpfung hineingelegt,
damit es auch in Deiner Seele erblühe.

Und die Seele möge das Herz,
den Geist und den Leib durchglühen
und im Menschen immer wieder
die Hoffnung neu entfachen,
die Hoffnung,
die die Kraft der Liebe antreibe,
damit endlich Frieden werde:
In Dir, mein lieber Mensch,
in Deiner Nähe
und in der weiten Welt.

Der größte Hoffnungsfunke
für uns Menschen
aber erglühte vor 2000 Jahren
im Leib seiner Mutter Maria.

Es war Jesus von Nazareth.

Dieser Funke der Hoffnung
glühte auf,
kam zur Welt,
erstrahlte
und brachte seitdem den Menschen
das Licht der Hoffnung,
ohne das niemand leben kann.

Inhalt

* Gedicht

Die kleine Kartoffel

Immer, wenn Großmutter zu Besuch kam, war dies für uns Kinder ein kleines Fest. Aber es war kein Ereignis voll überschwänglicher Freude. Auch war es keine Zeit voller Pläne, was man alles gemeinsam unternehmen könnte. Denn Oma war eine stille und bescheidene Frau. Sie huschte gleichsam in unseren Alltag. In aller Ruhe suchte sie sich eine Aufgabe und machte sich nützlich. Sie stopfte Strümpfe, schälte Kartoffeln, spülte das Geschirr ab oder kochte im Sommer Obst ein und machte Marmelade.

In den trüben, nebligen Novembertagen zauberte sie die köstlichsten Weckmänner und begann für die Weihnacht Plätzchen zu backen. Sie hatte dabei eine unendliche Geduld und erfand die schönsten Formen und Verzierungen. Leider legte sie das duftende Gebäck anschließend in eine große Blechdose, die Mutter bis zur Weihnacht verstecken musste. Nach getaner Arbeit schlürfte sie ihren Kaffee mit viel Milch und hatte viel Zeit für uns Kinder.

Bei einem ihrer Besuche am Fest des hl. Martin, wenige Jahre nach dem großen Krieg, erzählte sie uns eine Geschichte, die mich tief beeindruckte und die ich mein ganzes Leben lang nicht vergessen konnte. Es war die Geschichte von der kleinen Kartoffel.

Seht ihr, so sagte sie, genauso wie der hl. Martin, so sollten alle Menschen etwas abgeben, damit denjenigen, die Not leiden, geholfen werden kann. Leider haben viele Menschen ein hartes Herz. Das war früher schon und ist heute immer noch so.

Und dabei hatte der Bauer Kiesig in diesem Jahr eine gute Ernte gehabt. Viele Säcke mit Weizen hatte er zur Mühle bringen können, um das Korn zu Mehl mahlen zu lassen. Er hatte gutes duftendes Heu für seine Kühe in die Scheune gebracht, und Ende September hatte er noch sechs Karren hochvoll mit Kartoffeln geerntet. Viele Kinder und Leute aus dem Dorf hatten ihm dabei geholfen, die Kartoffeln vom Acker aufzulesen.

Nun hockte er auf seiner Werkzeugkiste und ruhte sich aus. Zufrieden zog er an seiner Pfeife und blies den blauen Qualm in die kühle Luft. Wohlgefällig betrachtete er den Riesenberg von Kartoffeln, der vor ihm auf dem Scheunenboden lag.

„Eine gute Ernte!“, murmelte er vor sich hin. „Es hat mich ja auch eine Menge Arbeit gekostet.“

Erleichtert schnaufte er auf.

Dann lachte er, stand auf und sagte zu sich selbst: „Sich regen bringt Segen! Los an die Arbeit!“

Er füllte noch einige Säcke mit Kartoffeln, band sie oben zu und stellte sie auf seinen Wagen.

Der lange Tag und die viele Arbeit hatten ihn müde gemacht. Er war froh, dass er bald zur wohlverdienten Ruhe ins Bett fallen konnte.

Am nächsten Tag musste er schon früh aufstehen. Er spannte sein Pferd vor den Wagen und fuhr los. In der nahen Stadt wollte er auf dem Markt die Kartoffeln verkaufen.

Gerade schickt die Sonne ihre ersten Strahlen über die letzte Anhöhe vor der Stadt.

Schwer zieht das Pferd an dem Wagen. Bauer Kiesig ist abgestiegen und geht neben dem Fuhrwerk her. Er blinzelt in das helle Licht der Sonnenstrahlen. Es schmerzt ihm fast in den Augen.

Mit einem Mal sieht er das dunkle Bündel am Straßenrand. Er kennt dieses Bündel. Er hat es schon so oft gesehen. Meist bewegte es sich, aber heute liegt es still da und rührt sich nicht.

Doch was geht ihn das Bündel an? Er will gleichgültig bleiben. Er will achtlos an ihm vorüber gehen. Aber dann kitzelt ihn doch ein Ärger in seiner Brust und lässt ihn unruhig werden. Das Kitzeln wird immer schlimmer, es wurmt und quält ihn, und dann wird er wütend.

„Warum muss der alte Landstreicher auch hier liegen?“, brummt er.

Schon oft hat er sich über den alten Gustav geärgert, wenn der am Straßenrand hockte und ihm seine dürre Hand entgegenstreckte. Bisher hatte er ihn immer übersehen, hatte sein Pferd angetrieben und war vorübergeeilt. Noch nie hatte er ihm etwas in die ausgestreckte Hand gelegt.

Auch hatte er sich immer eine Entschuldigung für sein Verhalten ausgedacht; meist hatte er keine Zeit, er konnte sein Pferd nicht schnell genug zum Stehen bringen oder es fehlte ihm am nötigen Kleingeld.

Aber heute spürt er, dass er keine Entschuldigung findet. Langsam geht er an dem Bündel vorbei. Er will nicht hinsehen, aber er vermag seinen Blick nicht von dem Lumpenhaufen zu lösen.

Auf der Anhöhe lässt er sein Pferd anhalten und ausruhen und geht die wenigen Schritte zurück. An einer Seite schaut ein Paar zerfetzte, schmutzige Schuhe unter dem Bündel hervor. Er tritt dagegen, zweimal, dreimal. Das Bündel rührt sich nicht.

„Ob er schon tot ist?“, geht es ihm durch den Kopf. Dann könnte er in der Stadt Bescheid geben, damit sie ihn hier abholen. Dann hätte er seine Pflicht getan.

Der Bauer kann sich nicht entschließen weiterzugehen.

„Vielleicht ist er auch noch nicht tot!“, denkt er. Es lässt ihm keine Ruhe.

Er muss seinen Ekel überwinden. Er packt an einen Ärmel des schmutzigen Mantels und versucht, den Körper herumzudrehen.

Jetzt spürt er, der alte Gustav bewegt sich noch. Mühsam hebt er seinen Kopf und haucht: „Bitte!“

Alkoholdunst und übler Gestank schlagen dem Bauern entgegen. Er lässt den Ärmel los. Das Bündel fällt wieder in sich zusammen.

Voller Abscheu sieht er auf das stinkende Bündel herab. Auch der letzte Hauch von Mitleid ist aus seinem Herzen ausgezogen.

Wut steigt in ihm auf über diesen unnützen Menschen, der nichts Ordentliches in seinem Leben zu Wege gebracht hat, der auf den Straßen herumlungert, der zu faul ist zu arbeiten, der sich nicht wäscht und pflegt und der das erbettelte Geld vertrinkt.

Er aber, der Bauer, arbeitet von früh bis spät. Nur am Sonntag nach dem Kirchgang gönnt er sich ein paar Bier im Wirtshaus. Er ist sparsam und sorgt für ordentliche Kleidung und Speise und Trank für seine Familie.

Er will den Alten schon liegenlassen und weiterfahren, da rührt dieser sich wieder. Mühsam hebt er seine Hand. Er öffnet sie ein wenig, wie er es immer tut, und fleht: „Bitte! Bitte!"

Dann sinkt die Hand entkräftet herab.

Niemand kann in das Herz eines anderen Menschen hineinblicken, sagte die Großmutter und schaute uns Kinder der Reihe nach eindringlich an, doch nicht selten zeigt sich ein gütiges oder auch hartes Herz im Gesicht des Menschen.

Der Bauer aber zeigt ein Gesicht, das jeden, der es ansieht, erschrecken lässt. Wie ein Blitz schießt die Boshaftigkeit in sein Gesicht, schaut aus seinen Augen, dringt in jede Falte und Furche, und um den Mund erscheint ein widerwärtiges Grinsen. Im Herz des Bauern ist etwas niederträchtig Böses erwacht.

Er geht zu seinem Wagen.

Vielleicht holt er doch noch sein Brot und teilt es mit dem alten Gustav.

Aber nein, das kann der Bauer nicht mehr. Das Böse nimmt ihn zu sehr gefangen, alles Liebe und Gute scheint aus seiner Seele ausgezogen zu sein. Er knotet den Strick um den Kartoffelsack auf und beginnt, darin nach etwas zu suchen. Er braucht eine ganze Weile, bis er das Richtige gefunden hat. Er nimmt die kleinste Kartoffel, die er finden kann, geht damit zum alten Gustav und drückt sie ihm in die empor gestreckte Hand. Die Hand krampft zusammen, verbirgt die Kartoffel in der Faust und sinkt zu Boden.

Der Bauer aber hat sich schon abgewandt, eilt zu seinem Fuhrwerk und fährt zum Markt in die Stadt. Und auch als er die ersten Häuser erreicht, zeigt sein Gesicht immer noch ein höhnisches Grinsen.

Es wird für den Bauern ein erfolgreicher Tag. Fast alle Kartoffeln hat er verkauft. Die Geldtasche ist gut gefüllt. Aber trotzdem ist da etwas in seinem Innern, das ihn unruhig und unzufrieden macht. Den Grund dafür kennt er ganz genau. Denn je später der Morgen wird und je mehr er an Kartoffeln verkauft, umso öfter sieht er das Bild des alten Gustav vor sich. Er sieht das Lumpenbündel, die Schuhe, gegen die er getreten hat, er sieht das abgemagerte Gesicht und dann die empor gestreckte Hand.

Er will diese Bilder nicht mehr sehen. Er will sie hinwegwischen. Aber es gelingt ihm nicht. Er sieht sie immer wieder vor sich.

Deshalb fährt er am Mittag nicht sofort nach Hause. Er muss noch einmal in die Wirtschaft zu den anderen Marktleuten. Das tut er sonst nicht, aber heute muss er einen Schnaps und ein Bier trinken, damit die Bilder weggeweht werden. Die anderen werden gewiss noch für etwas Kurzweil sorgen. Das wird im gut tun. Ein paar Scherze werden die lästigen Gedanken vertreiben.

Das scheint auch zu gelingen.

Bis der Postbote kommt. Er hat seine Runde beendet. Er weiß dann immer die allerneuesten Nachrichten.

Und dann wissen es alle. Der alte Gustav ist tot!

Er ist gestorben, droben auf der Anhöhe vor der Stadt. Ein Waldarbeiter hat ihn gefunden und die Polizei benachrichtigt. Aber das Seltsame an der Sache ist: Der Gustav hielt eine Kartoffel in der verkrampften Hand, eine ganz kleine Kartoffel!

„Eine Kar…?" Der Bauer schreckt auf, spricht das Wort aber nicht mehr ganz aus. Sein Gesicht wird kreideweiß. Er hat sich verraten. Alle sehen den Bauern an.

Der springt auf, wirft sein Zehrgeld auf den Tisch und eilt hinaus. Hämische Blicke folgen ihm.

Er treibt sein Pferd an. Als er die Stadt verlassen hat, steigt er von seinem Wagen und geht neben dem Fuhrwerk her. Langsam steigen sie die Anhöhe hinan. Oben muss er sein Pferd anhalten.

Der Platz ist leer, aber der Bauer sieht immer noch das Lumpenbündel mit der empor gestreckten Hand vor sich.

Es ist schon später Nachmittag, als er endlich zu Hause ankommt. Seine Frau hat sich schon Sorgen gemacht. Und die Sorgen bleiben, denn ihr Mann ist so ganz anders als sonst.

Am nächsten Morgen muss der Bauer noch einmal in die Stadt, zum Sozialamt und zum Friedhofsamt. Er muss da noch etwas regeln. Es ist wegen des alten Gustav.

„Einer muss sich doch um die Beerdigung kümmern!“, so sagt er denen, die ihn fragen.

Drei Tage später wird der alte Gustav begraben. Es sind nur wenige Leute auf dem Friedhof. Und als der Bauer vor dem Grab steht, zieht er seinen Hut und flüstert unhörbar: „Verzeih mir, Gustav!“

Und stellt euch vor, sagte die Großmutter, jedes Jahr wuchsen auf dem Acker des Bauern viele Kartoffeln. Er lud sie auf den Wagen und fuhr über jene Anhöhe zum Markt in die Stadt und verkaufte sie dort.

Und wenn er die Kartoffelernte einbrachte, den großen Berg in der Scheune vor sich liegen sah, wenn er sie in die Säcke füllte, die Kartoffeln auf dem Markt abwog und sie schließlich in die Einkaufstaschen seiner Kunden schüttete, sahen ihn viele kleine Kartoffeln an.

Großmutters Geschichte ließ mich lange nicht los, besonders wenn sie Kartoffeln schälte und ich ihr dabei zusah. Auch die kleinsten schälte sie mit ganz dünner Schale. Oft schaute sie dann auf und sah mich an und lächelte.

Es war einige Wochen später an einem Sonntag mitten im Advent. Großmutter war schon vor einiger Zeit nach Hause gefahren. Wir saßen gerade beim Mittagstisch, als es klingelte. Alle hoben den Kopf und sahen sich erstaunt an. Wer mochte das sein? Um diese Zeit! Besuch hatte sich nicht angemeldet.

Vater stand auf und ging zur Haustür. Wir hörten ihn mit einem anderen Mann reden. Schließlich brachte er diesen Fremden mit in die Küche und bat ihn, am Tisch Platz zu nehmen.

„Ein besonderes Sonntagsessen haben wir ja nicht, aber wenn Sie möchten, können Sie gerne einen Teller Kartoffelsuppe mit uns essen“, meinte der Vater.

Der Fremde grüßte leise, blickte uns, so wie ich damals empfand, verschämt an, lächelte ein wenig und setzte sich zu uns an den Tisch.

Wir Kinder müssen ihn wohl immerfort angestarrt haben, denn Vater forderte uns bald auf, auf unsere Teller zu schauen und die Suppe zu essen. Sie würde sonst kalt werden.

Es wurde ganz still in der Stube. Man hörte nur das Klappern der Löffel und das Schlürfen der Suppe.

Nach einer Weile versuchte Vater mit dem Fremden in ein Gespräch zu kommen.

Über was die beiden Männer redeten, weiß ich heute nicht mehr. Ich sah nur immer wieder auf die Hand des Fremden, die den Löffel hielt und war froh, dass er bei uns am Tisch eine warme Suppe essen konnte und dass ihm keiner von uns eine kleine Kartoffel in die Hand gedrückt hatte.

Barbarazweige

Schwarz und starr bist du,
Zweig vom Morellenbaum;
noch ruht in dir still und verborgen
wunderbar ein Traum.

Du frierst in der Kälte Frost
und zitterst mit kaltem Leib.
Komm in die warme Stube hinein,
denn heut ist es Zeit!

Spürst du nicht, wie es kribbelt,
in deinen Adern und bebt,
wie das Leben in deiner Seele erwacht,
wie die Knospe schwillt und lebt.

Und dann, in der heiligen Nacht,
öffnet der Schöpfung Kraft
die Knospen, und weiß strahlende Blüten
zeigen uns göttliche Wundermacht.

Der Besuch des heiligen Nikolaus

Der Bus brummte eintönig über die Landstraße. Im Licht der Scheinwerfer schossen nasse Schneeflocken heran. Nur wenige platschten gegen die Windschutzscheibe und wurden vom Wischer beiseite geschoben. Die meisten wichen nach oben oder nach den Seiten aus. Der kleine Sepp beobachtete eine Weile das Spiel der Flocken. Dann musste er verwirrt die Augen schließen. Und er wäre eingeschlafen, wenn der Bus nicht die nächste Haltestelle hätte anfahren müssen.

Wieder öffnete sich die vordere Tür und ein Schwall nasskalter Luft trieb ihm ins Gesicht.

„Tür zu!“, meckerte der Seppl leise vor sich hin.

Doch bald surrte der Motor wieder sein monotones Lied. Und seltsam, obwohl noch viele Plätze besetzt waren, war es sehr still im Bus. Die Fahrgäste schwiegen, sie waren wohl recht müde vom Getriebe des Alltags. Und außerdem war es so schön warm im Bus, so warm, dass auch die Lisa mit dem Schlaf zu kämpfen hatte.

„Ach, was bin ich müde geworden!“, stöhnte sie. „Den ganzen Nachmittag sind wir umher gelaufen. Die Beine sind so schwer; und zum Schluss war mir ganz kalt und ein eisiger Schauer nach dem anderen lief mir über den Rücken.“

„Wenn du mir nur nicht krank wirst!“, meinte die Mutter, die mit Christine auf dem Sitz hinter den beiden saß.

„Hier ist ein Hustenbonbon vom Nikolaus vom Weihnachtsmarkt!“, sagte Christine und reichte es ihr.

„Aber das war doch gar kein Nikolaus!“, meckerte Lisa.

„Doch!“, sagte Christine ärgerlich, „von wem habe ich wohl sonst das Bonbon?“

Lisa ließ sich nicht beirren: „Das war kein Nikolaus. Das war ein Weihnachtsmann! So! Und einen Weihnachtsmann, den gibt es nicht. Das ist Quatsch!“

„Und einen Nikolaus, den gibt es auch nicht", warf Sepp dazwischen.

„Aber den hat es gegeben", verteidigte sich Lisa. Und plötzlich schrien die drei wild durcheinander. Da war Schluss mit der Ruhe. Alle waren hellwach.

„Nun ist aber Schluss!", ging die Mutter dazwischen. „Nun streitet euch doch nicht um den Nikolaus! Lisa hat eigentlich Recht, den echten Nikolaus, den mit der Bischofsmütze, der Mitra und dem Stab, den hat es wirklich einmal gegeben. Aber das ist schon über 1600 Jahre her. Da war er der Bischof von Myra. Das ist eine Stadt am Mittelmeer. Myra liegt in der heutigen Türkei. Damals, als er dort Bischof war, lebten die Menschen in großer Not. Und der Bischof Nikolaus hat ihnen immer wieder geholfen und sie vor dem Verhungern gerettet. Deshalb haben sie ihn auch noch verehrt, als er schon längst tot war. Und das ist bis auf den heutigen Tag so geblieben."

„Altendorf!", tönte es aus dem Lautsprecher.

Lisa drückte auf den roten Knopf und das Schild „Wagen hält" leuchtete auf.

Der Weg von der Bushaltestelle nach Hause war heute sehr ungemütlich. Immer wieder fegte ein eisiger Wind den vieren den nassen Schnee ins Gesicht, besonders da, wo der Weg zwischen den Wiesen herführte. Sie hielten sich Mantel und Jacken am Hals zu und stemmten sich nach vorne gebeugt gegen den heftigen Wind.

Nach einer Viertelstunde waren sie endlich zu Hause auf ihrem Bauernhof, der etwas abseits von dem kleinen Dorf lag. Durchgefroren wie sie waren, krochen sie an den warmen Kachelofen und die Mutter brühte schnell einen heißen Tee auf.

Dann erzählte sie weiter: „Und im Andenken an diesen guten Menschen feiern wir auch heute noch das Nikolausfest. Manchmal verkleidet sich dann ein Mann als Bischof und spielt mit den Eltern und Kindern zusammen das Spiel vom heiligen Nikolaus."

„Aber Mama, warum kommt…", sagte Lisa, aber weiter kam sie nicht.

„Moment, Lisa, „sagte die Mutter. „ich will noch etwas zu dem

Weihnachtsmann sagen. Einen solchen Weihnachtsmann mit rotem Mantel und Kapuze, den gibt es nicht und den hat es auch noch nie als heiliger Nikolaus gegeben. Den sollen die Menschen in ihrer Phantasie vor über 70 Jahren in Amerika erfunden haben. Vielleicht ist er aus dem Knecht Ruprecht entstanden, den die Menschen erfunden haben, damit der Nikolaus einen Gehilfen hat, der ihm die viele Arbeit erleichtert. Aber mit dem Weihnachtsfest hat der Weihnachtsmann nichts zu tun. Ihr wisst doch, in der Weihnacht, in der geweihten Nacht, wurde vor 2000 Jahren das Kind Jesus geboren. Wir feiern also in der Weihnacht den Geburtstag des Jesus von Nazareth. Und da hat der Weihnachtsmann eigentlich keinen Platz."

„Ja, Mama, das weiß ich ja alles schon ein bisschen", beeilte sich Lisa zu sagen, „aber warum kommt der Nikolaus nicht auch mal zu uns, ich meine der Mann, der sich als Nikolaus anzieht. Wir stellen abends nur immer den Teller auf den Tisch und am nächsten Morgen ist er gefüllt. Ich weiß ja, dass du das machst".

Die letzten Worte sagte sie ganz leise, weil die Christine sie nicht hören sollte.

„O je!", schnaufte die Mutter, „das ist so schwierig. Da muss man erst einmal einen Mann finden, der den Nikolaus auch gut spielen kann. Denn der Nikolaus ist ja keine Witzfigur. Und dann braucht man auch noch ein würdiges Kostüm. Und weder den rechten Mann noch das rechte Kostüm habe ich bis jetzt finden können. Deshalb blieb uns nichts anderes übrig, als am Abend die Teller aufzustellen. Aber ihr habt Recht, es wäre schön, wenn wir das Nikolausfest einmal mit einem richtigen Nikolaus feiern könnten."

Dieser Gedanke an den richtigen Nikolaus hatte sich tatsächlich im Kopf der Mutter festgesetzt und war nicht mehr wegzuscheuchen. Und so setzte die Mutter alles daran, ihren Plan zu verwirklichen.

Und tatsächlich, am Nikolausabend klingelte plötzlich ein kleines Glöckchen. Aber es klingelte nicht an der Haustür, sondern auf dem Hof.

Die Christine und der Seppl waren gerade dabei, gemeinsam mit der Mutter aus dem ausgerollten Teig Plätzchen auszustechen und auf ein Backblech zu legen. Erschrocken sahen die beiden Kinder die Mutter an. Auch sie blickte ganz verdutzt und ungläubig drein.

Da klingelte das Glöckchen schon wieder. Mutter strich die Teighände an der Schürze ab und ging langsam zum Fenster. Sie schüttelte den Kopf. Irgendetwas schien ihr nicht zu gefallen. Sie öffnete das Fenster und blickte in den Hof.

Aber schon dröhnte eine tiefe Stimme: „Hier ist der heilige Nikolaus. Ich will die drei Kinder besuchen. Die Christine, der Seppl und die Lisa sollen an das Fenster kommen!"

„Aber warum kommst du nicht zu uns herein in die Stube, lieber Nikolaus?", rief die Mutter in die Dunkelheit hinaus.

„Ich habe nicht so viel Zeit und muss noch zu vielen anderen Kindern!", brummte der Nikolaus.

Die Lisa hatte den Lärm in ihrem Zimmer gehört und kam neugierig herbei: „Was ist denn hier los?" Sie machte den anderen Fensterflügel auf und schaute auch aus dem Fenster. Und schon begann der Nikolaus mit dem Sündenregister. O je, es war ja erstaunlich, wie genau die himmlische Buchführung war. Der Nikolaus ließ aber auch nichts an den vielen kleinen Fehlern und Sünden aus.

Der Seppl aber schien gar nicht zuzuhören. Er starrte in die Dunkelheit und versuchte die Gestalt des Heiligen auszumachen. Doch es ärgerte ihn sehr, dass er die Gestalt des frommen Mannes nicht sehen konnte. Denn das Licht aus der Küche fiel durch das Fenster auf den Hof und erleuchtete ein großes Viereck. Der Nikolaus aber stand genau daneben, und Seppl sah nur, wie sich etwas Weißes bewegte. Er wurde immer neugieriger und unruhiger. Er wollte den Nikolaus doch einmal leibhaftig sehen.

Und plötzlich rief er: „Lieber Nikolaus, ich möchte dich mal sehen. Komm ein bisschen ins Licht!"

Dem Nikolaus schien dieses Ansinnen die Stimme zu verschlagen. Mit einem Mal blieb er stumm. Einen Augenblick war es ganz still.

Doch dann sausten plötzlich einige Nüsse an Seppls Kopf vorbei in die Küche, eine traf ihn genau auf der Stirn. Ein entsetzlicher Schrei! Seppl tauchte unter den Küchentisch und auch die anderen sprangen erschrocken zur Seite. Und nun prasselten die Gaben des Heiligen zum Fenster herein: Haselnüsse, Baumnüsse, Äpfel, Man-

darinen, Schokoladentaler, Lebkuchen, Leckereien in Silberpapier, und wieder ein Apf…"

„Halt!", schrie plötzlich die Mutter.

Doch zu spät! „Patsch! Klirr!" Einer der Nikolausäpfel war gegen die Fensterscheibe geflogen. Da hatte doch ein böswilliger Wind einen Fensterflügel zugeschlagen.

Mit einem Mal war es ganz still. Von dem Nikolaus da draußen war nichts mehr zu sehen. Er war wie vom Erdboden verschwunden. Die Mutter schimpfte leise vor sich hin und sammelte die Glasscherben ein. Die Kinder suchten in der ganzen Küche nach den Wurfgeschossen des heiligen Mannes.

Sie waren gerade dabei, sie auf drei Weihnachtsteller gerecht zu verteilen, da tauchte plötzlich der Vater auf.

Das war ja eine schöne Bescherung, die er da erfahren musste!

„Die schöne Scheibe!", sagte er, „nichts als Arbeit und Ärger hat man, selbst mit dem Personal aus dem Himmel! Und das noch vor der Weihnacht! Den ganzen Tag bin ich draußen, um Weihnachtsbäume zu verkaufen. Und nun muss ich auch noch eine neue Scheibe einsetzen. Und wer bezahlt mir die Scheibe? Und wie soll ich es anstellen, dass die Rechnung in den Himmel kommt? Die Post bringt sie bestimmt nicht dorthin."

Vater betrachtete sich noch einmal den Schaden und meinte: „Na ja, es eilt nicht so sehr. Es ist ja eine Doppelglasscheibe und nur die äußere ist kaputt. Aber so eine Isolierglasscheibe ist nicht ganz billig."

Die Mutter schwieg zu all dem Gezeter des Vaters, begegnete ihm aber mit manch vorwurfsvollem Blick.

Später dann, als die Eltern die Kinder zu Bett gebracht hatten, konnte die Mutter ihre Ungeduld nicht mehr zügeln.

„Das hatten wir beide uns aber ganz anders überlegt", schimpfte sie, „du solltest als würdiger Bischof mit Mitra und Stab hier in der Wohnung erscheinen und nicht als Gespenst, das mit Äpfeln wirft und Fensterscheiben zertrümmert."

„Wollte ich ja auch!", entgegnete der Vater, „aber dann kam das Nikolausgewand nicht bei mir an. Irgendetwas muss da schief gelaufen sein. Und da der Nikolaus doch unsere Kinder besuchen sollte, wollte ich sie nicht enttäuschen. Und so habe ich mir ein Laken umgehängt und eine Zipfelmütze aufgesetzt. Aber so durfte mich doch keiner sehen. Ja, und den Rest der Geschichte kennst du ja."

„Den kenne ich!", die Mutter lachte schon wieder. „Ich weiß aber auch, dass ich es wohl nie schaffen werde, einen würdigen Mann und gleichzeitig das rechte Gewand dazu zu finden."

Anna

Eins, zwei, drei, vier, fünf, sechs, sieben, eine alte Frau kocht Rüben, eine alte Frau kocht Speck. Eins, zwei, drei und du...!"

„Nein, ich hab keine Lust mehr!", maulte Simon dazwischen, „immer nur Verstecken spielen! Lasst uns mal was anderes machen!"

„Ja, was denn?" Tanja ärgerte sich. Immer maulte Simon dazwischen. Aber vernünftige Vorschläge konnte er auch nicht machen.

„Es ist sowieso gleich dunkel! Ich muss nach Hause!", sagte Tobias.

Etwas missmutig schlenderten sie den leicht ansteigenden Weg hinan auf die Wohnsiedlung mit den Einfamilienhäusern zu. Von fern sahen sie die ersten Lichter hinter den Fenstern.

Als sie aus dem kleinen Fichtenwäldchen kamen, dort wo die Bäume noch genügend Licht für die Waldwiese ließen, ging Simon plötzlich nicht mehr weiter und hielt die anderen zurück.

„Pst!", machte er. Alle blieben stehen.

Vor ihnen tauchten aus dem dichten Bodennebel zwei Gestalten auf, ein hagerer Mann und eine dunkle Frau. Die alte graue Frau hatte sich einen Gurt um den Leib gelegt und zog, tief nach vorn gebeugt, einen Karren mit gemähtem Gras. Nur ganz langsam ging sie den beschwerlichen Weg. Ihr müdes, angestrengtes Gesicht konnte man in der Dämmerung schon nicht mehr erkennen.

Aber die Kinder kannten dieses Gesicht. Immer, wenn sie ihm begegneten, sah es gleich aus, immer müde und verschlossen.

Tanja meinte einmal: „Die Anna ist immer traurig. Ich habe sie noch nie lachen sehen."

Und genauso wie Annas Gesicht war auch das Gesicht des alten Heinrich, doch viel verkniffener, so voller Bitterkeit.

Und jetzt, zunächst kaum hörbar, fast unsicher, dann aber immer lauter anschwellend tönte es: „Meck, meck, meck, meck, meck! Blök! Blök!"

Es war das Gemeckere einer Ziegen- und Schafherde aus Kindermund.

„Nein! Nicht! Lasst sie in Ruhe!“, zischte Tanja.

Sie konnte es nicht ertragen, wenn die Jungen die beiden Alten ärgerten.

„Ihr seid ja so gemein!“, sagte sie noch, wusste aber, dass sie kaum noch etwas auszurichten vermochte, denn die Jungen waren in ihrem bösen Eifer schon nicht mehr zu bremsen.

Die Mädchen blieben zurück, während die Jungen hinter den Alten herschlichen und immer wieder ihr gehässiges Gemecker ertönen ließen. Immer näher trauten sie sich heran, aber doch nur so weit, dass sie sich vor der Sense des alten Heinrich sicher fühlen konnten. Und dann hörten sie seine gepresste Stimme: „Los! Mach! Voran! Schneller!“

Der alte Heinrich trieb seine Anna an. Er wollte wohl dem unseligen Gemecker der Verfolger entfliehen.

Doch die Anna war zu schwach. Sie vermochte auch nicht nur ein klein wenig schneller den mit Gras beladenen Karren die leichte Anhöhe hochzuziehen. Ihr altes Herz war müde, und da halfen auch Heinrichs antreibende Worte nichts.

Und wieder feuerte Simon seine Herde an.

„Meck, meck, meck, meck, meck! Blök! Blök!“, schallte es hinter den beiden Verfolgten her.

Mit einem Ruck drehte sich der Alte plötzlich um und lief mit der Sense in der Hand hinter den Jungen her.

Doch sie wussten, was nun folgte. Schon oft hatten sie das böse Spiel mit ihm getrieben. Nur wenige Schritte konnte der alte Heinrich ihnen folgen, dann musste er verhalten und das höhnische Gelächter der Jungenhorde über sich ergehen lassen. Da schaffte es auch sein böser Fluch nicht, die Bande einzuschüchtern oder gar zu vertreiben.

Der alte Heinrich drehte sich abrupt wieder um und eilte ein wenig schneller, bis er die Anna wieder erreicht hatte, die immer noch, scheinbar gleichmütig, den Karren die Anhöhe hoch zog.

Manchmal gelang es Tanja und den anderen Mädchen, die Jungen ein wenig zurückzuhalten. So war es auch heute.

„Eigentlich solltet ihr euch schämen! Die beiden Alten können sich doch nicht wehren!“ Gittes Stimme hörte sich sehr verärgert an. „Ich finde das gar nicht toll und mutig!“

Langsam zogen die Kinder in gehörigem Abstand hinter den Alten her. Im Dorf oben an der Kreuzung trennten sie sich. Jeder machte, dass er nach Hause kam.

Nur Tanja und Gitte machten noch einen Umweg. Die Jungen brauchten es nicht zu merken. Sie wollten von ihnen nicht gestört oder verhöhnt werden.

Auf dem verwilderten Grundstück war durch hohes Gras, Disteln und Brennnessel ein schmaler Pfad getrampelt. Er führte direkt von hinten auf das kleine Fachwerkhaus zu, an das ein kleiner Holzstall mit einer Scheune angebaut war.

„Gott sei Dank“, flüsterte Gitte, „der alte Heinrich ist nicht da!“

Von einer Lampe über der Stalltür fiel ein spärliches Licht auf den kleinen Hof. Die Anna hockte auf dem Rand eines Fresstrogs, der mit dem geschnittenen Gras von der Waldwiese gefüllt war.

Aber die Tiere fraßen ja nicht, jedenfalls nicht viel. Sie drängten sich mit ihren Köpfen und ihren Leibern an die Anna, die jedes Tier über den Kopf streichelte und mit ihren Händen in die Halswolle fuhr und kraulte. Geduldig achtete sie darauf, dass jedes Tier seinen gerechten Anteil an Zuwendung erhielt. Und dann vernahmen die Kinder, wie die Anna beruhigend und begütigend auf die Tiere einredete. Der Ärger mit den Jungen und das befehlende Antreiben ihres Mannes schienen keine Spuren hinterlassen zu haben. Sie war voller Gleichmut und Güte ihren Tieren zugewandt. Dabei schien sie die Umgebung um sich herum zu vergessen, so sehr war sie mit ihren Tieren beschäftigt.

Mit einem Mal hörten die beiden Mädchen, es klang wie aus weiter Ferne, wie die Anna sang. Sie sang mit hoher, klarer Stimme. Es war ihnen, als ob diese Stimme gar nicht der Anna gehören würde, so wunderbar zart und lieb hörte sie sich an. Es war ein fremdes Lied, dass Gitte und Tanja noch nie gehört hatten.

Mittlerweile war es dunkel geworden. Die Mädchen hörten, wie Wasser in einen Trog floss und Anna die Tiere tränkte. Schließlich öffnete sie die Stalltür, die wie eine Pferdetür aussah, ließ die Schafe hinein und verschloss die untere Hälfte und lehnte sich darauf. Dann hörten die Mädchen wieder ihre Stimme. Anna sang das Abendlied „Der Mond ist aufgegangen". Nach der letzten Strophe löschte sie das Licht der Hoflampe.

Tanja und Gitte waren ein wenig erschrocken, denn um sie herum war plötzlich dichte Finsternis. Sie tasteten sich über den Trampelpfad zur Straße. Dort empfing sie eine trübe Helle der Straßenbeleuchtung und das blendende Licht der Scheinwerfer der vorüber fahrenden Autos.

„Schade, dass die Anna aufgehört hat zu singen", sagte Tanja, „ich hätte ihr noch länger zuhören können."

„Du hast Recht", seufzte Gitte und atmete einmal tief durch, „aber die Anna sang auch so traurig. Und dann sang sie den Tieren vor; vielleicht wollte sie sich bei den Tieren trösten."

„Es ist wirklich gemein, was die Jungen immer mit ihnen machen!", sagte Tanja.

„Und wir?", warf Gitte ein, „wir haben nicht Mut genug, die Jungen daran zu hindern."

Die beiden gingen still auseinander.

In den nächsten Tagen wollte Tanja immer wieder mit Simon reden, aber wenn sie vor ihm stand, verließ sie der Mut. Doch hatten die Jungen in den nächsten Wochen auch keine Gelegenheit mehr, die beiden Alten zu ärgern, denn das Gras auf der Waldwiese war abgemäht.

Die letzten sonnigen Tage des Oktobers und die nebligen Tage des Novembers gingen vorüber. Fröste brachten den ersten Reif. Und bald blies der Wind dunkle Wolken heran, aus denen stechende Regensträhnen zur Erde jagten und bald die ersten Schneeflocken fielen und das Land grau färbten.

Wer nicht hinaus musste, blieb daheim und spürte die wohlige Wärme von Heizung oder Ofen.

Die beiden ersten Kerzen am Adventskranz brannten schon.

Die Mutter rief den Simon zum Abendessen. Da ging der Gong an der Haustür.

„Das wird Vater sein!“, ruft die Mutter, „der hat wohl wieder vergessen, seinen Schlüssel einzustecken. Mach du bitte auf! Ich bin noch mit dem Kochen beschäftigt.“

Simon stürzt an die Haustür und öffnet sie.

„Hallo, Papa!“, will er rufen. Doch mitten im Wort verschlägt es ihm die Sprache. Vor der Haustür steht eine dunkle, graue Frau. Es ist die Anna. Simon ist so erschrocken, dass er kein Wort hervorbringt.

Wie ein Blitz durchfährt es ihn: „Die Anna kommt bestimmt, um sich zu beschweren. Aber warum kommt sie erst jetzt?“

Noch ehe die Anna etwas sagen kann, springt Simon zurück in die Wohnung und ruft die Mutter an die Tür.

Auch die Mutter ist überrascht. Mit solch seltsamem Besuch hat sie nicht gerechnet. Doch ehe sie etwas sagen kann, hört sie die Stimme der alten Frau: „Mutter Maria grüßt alle hier im Haus. Sie bittet für eine Nacht um eine Herberge.“

Simon erschrickt. Die Anna kann sogar sprechen. Und was für eine liebe Stimme sie hat!

Die Mutter bittet sie herein und geht mit ihr in die Küche. Anna stellt ihre Tasche auf den Boden und legt eine zusammengerollte Decke auf den Tisch. Sie schlägt die Decke auseinander und schält eine geschnitzte Marienfigur heraus.

„Mutter Maria bittet euch um eine Herberge. Nur für eine Nacht! Es ist so kalt und dunkel da draußen und auch in den Herzen so vieler Menschen.“

Als sie das sagt, lächelt sie und schaut den Simon und die Mutter freundlich an.

Simon weiß nicht, was er machen soll. Gleich wird die Anna doch sicher losschimpfen. Am liebsten würde er sich in sein Bett verkriechen.

Aber ihre Stimme bleibt freundlich und ihr Gesicht lächelt.

„Eigentlich müsstet ihr noch ein Gesetz vom Rosenkranz beten“, sagt sie, „aber das will ich gerne für euch tun. Doch schau,

Simon, hier habe ich eine dicke Kerze. Die solltest du auf die Fensterbank stellen und anzünden, damit ein Licht in die Dunkelheit da draußen leuchtet und die Menschen erinnert werden, dass Maria mit dem Jesus unterwegs ist, um den Frieden in die Welt zu bringen."

Simon möchte im Erdboden versinken. Die Anna kennt sogar seinen Namen! Er nimmt die Kerze aus ihrer Hand und stellt sie auf die Fensterbank und zündet sie an.

Als er zurückkommt, lächelt die Anna noch immer und gibt ihm die Hand und auch der Mutter. Es ist eine kleine, aber feste und schwielige Hand.

Simon bringt die Anna noch zur Haustür.

„Ich danke euch! Ich freue mich, dass ihr ein so gutes Herz habt!" sagt sie noch und geht den Weg durch den Vorgarten zur Straße. Ganz langsam geht sie.

Am Gartentor dreht sie sich noch einmal um und winkt.

Und Simon winkt zurück. Er sieht ihr noch lange nach, bis sie in der Dunkelheit verschwindet. Langsam geht er zurück ins Haus und setzt sich zum Abendbrot an den Tisch. In Gedanken versunken starrt er auf den leeren Teller.

„Das ist aber eine nette Frau!", sagt mit einem Mal die Mutter. Simon nickt. Er schaut die Mutter nicht an.

Am nächsten Tag muss Simon die Sache mit Anna der Tanja erzählen. Eine Menge Mut braucht er schon dazu. Doch dann schafft er es.

„Und denke dir", sagt er schließlich, „die Anna kann mit einem reden. Sie hat eine schöne helle Stimme. Und sie kann lächeln. Sie war so nett, obwohl wir doch oft so hässlich zu ihr und dem alten Heinrich waren."

„Ich weiß", sagt Tanja, „die Anna hat eine schöne Stimme. Sie kann auch gut singen."

Und nun musste sie dem Simon noch die Geschichte erzählen, als sie mit Gitte die Anna belauschte.

Am liebsten hätte Simon die Tanja umarmt, so leicht war ihm mit einem Mal ums Herz. Und der Tanja ging es ebenso.

Der Eisriese

Alois war schon sehr alt. Früher war er von Beruf Lokomotivführer. Aber das ist schon lange her. Und wie das Leben so seinen Lauf nimmt, so war es auch bei Alois nicht anders gewesen. Zuerst war seine Familie immer größer geworden, vier Kinder hatten in seinem Häuschen gelebt, sie waren gewachsen und erwachsen geworden, waren in einen anderen Ort verzogen, hatten geheiratet und bald wohnte er nur noch mit seiner Frau darin.

Dann war er zu alt, um Lokomotivführer zu sein.

Eigentlich war er ja froh darüber. Denn jetzt hatte er endlich Zeit, seiner Lieblingsbeschäftigung nachzugehen. Alois baute Krippenhäuser und -ställe und schnitzte dazu die Krippenfiguren.

Besondere Mühe gab er sich mit dem Gesicht des Krippenkindes. Er war erst zufrieden und konnte sich über seine Arbeit freuen, wenn es lächelte.

Wer genau hinblickte, konnte sehen, wie sich das Lächeln im Antlitz des kleinen Jesus im Gesicht des Alten widerspiegelte. Denn auch um Alois' Mund wuchs ein Lächeln und aus seinen Augen strahlte ein heiteres Glück.

Und obwohl Alois kein Aufhebens von seinen Krippen machte, flog die Kunde von dem Lokomotivführer, der Krippen schnitzen konnte, wie mit dem Wind getragen in viele Orte und bald fanden sich Besucher und vor allem Käufer ein.

Doch nun wurde es Alois immer schwerer ums Herz, denn er musste sich ja von seinen kleinen Kostbarkeiten trennen. Es war ja nicht so, dass er seine Krippen nicht verkaufen wollte, viel mehr bedrückte ihn die Unzuverlässigkeit der Menschen. Die hatte er nämlich in seinem Leben oft genug gesehen und gespürt. Wie würden die großen und kleinen Käufer mit seinen Wunderwerken umgehen? Denn oft hatte der Herr Jesus in den Händen der Menschen ja nichts zu lächeln gehabt!

Und so hätte er am liebsten alle Krippen behalten.

Aber seine Frau hatte Recht, er musste einige Krippen verkaufen, damit er neue bauen und schnitzen konnte, sonst wäre sein Häuschen aus allen Nähten geplatzt, wie man so sagt.

Und wie er so, noch etwas bekümmert, über das Schicksal seiner Krippen nachdachte und zum Fenster hinausblickte, ob seine Frau nicht bald vom Einkauf nach Hause käme, da war ihm, als kröche ein Ungeheuer um sein Haus. Er lauschte angestrengt. Mit schweren Schritten und heftig schnaufend schlurfte es über den Plattenweg.

Alois erschrak. Und obwohl es ihn grauste, schlich er doch zum Fenster, schob die Gardine ein wenig zur Seite und versuchte durch den Spalt etwas zu erblicken.

Für einen Augenblick war alles still. Sollte er sich geirrt haben?

Alois schüttelte den Kopf, so, als wenn er einen lästigen Traum oder auch nur eine Fliege abschütteln wolle.

Doch kaum hatte er sich wieder ins Zimmer gewandt, da keuchte das Ungeheuer von neuem. Schwer sog es den Atem ein, so als wenn es kaum Luft bekäme.

Jetzt stöhnte es auf!

Und nun schien der Atem auszusetzen! Es drohte zu ersticken!

Alois horchte angespannt und er spürte geradezu, wie das Ungeheuer nach Luft rang.

Doch, o weh! Ein plötzlicher Atemsturm schlug gegen das Fenster, dass das Haus dröhnte und die Fensterscheiben erzitterten.

Nun klopfte der unheimliche Gast gegen die Fensterläden. Er packte sie und rüttelte sie hin und her, als wolle er sie aus den Angeln heben oder gar aus der Wand reißen.

Alois wagte kaum durch den Gardinenspalt zu schauen, so sehr fürchtete er sich.

Und dann bewegte sich da ein gewaltiger Schatten! Ein Riese stand vor seiner Haustür und donnerte mit seiner Faust dagegen, dass es durch das ganze Haus dröhnte.

Alois zuckte zusammen, hielt den Atem an und horchte. Aber er hörte nur sein eigenes Herz klopfen.

Doch jetzt schnaufte das Ungeheuer wieder heftig auf und nun hörte Alois die Stimme des Riesen: „Aloi…s! Aloi…s! Aloi…s!“

„Merkwürdig“, dachte Alois, „das hört sich gar nicht an wie die Stimme eines mächtigen Wüterichs. Das klingt, als wenn einer klagt und jammert.“

Alois wurde immer neugieriger und schlich zur Haustür, aber er wagte sie doch nicht zu öffnen.

Und wieder dröhnte die gewaltige Stimme. Aber sie klang nicht bedrohend, sie klang wie ein Hilferuf.

„Aloi…s, mach auf!“

Nun hielt es den guten Alois nicht länger, und er öffnete die kleine Fensterklappe in der Haustür einen ganz schmalen Spalt.

Eisiger nasser Atem trieb herein. Erschrocken sprang Alois zurück. Die Klappe glitt ihm aus der Hand. Und das Ungeheuer schnaufte seinen bitterkalten Atem durch die Öffnung mitten in das Gesicht des erschrockenen Alois.

„Ho – i – ho!“, trumpfte er eisige Riese auf.

„Ich bin der Eisriese, König Frost! Ich umklammere alles mit meinen eisigen Greifern und blase es mit meinem Eisatem an, bis dass es zu Eis erstarrt und sich nicht mehr bewegt. Alles Lebendige muss sterben. Und meine Gier ist unersättlich!“

Kaum hatte sich Alois von dem Schreck erholt und wollte die Klappe gerade wieder schließen, da schnaufte der Riese von neuem los: „So lass mich herein, damit nichts meinen eisigen Fängen entgeht!“

„So, so!“, stotterte Alois.

Doch dann nahm er allen Mut zusammen und rief: „Du lügst!“

Vor Schreck blieb dem Eiskönig der Atem stehen. Einen Augenblick wurde es ganz still.

Alois nutzte diesen Augenblick und fuhr fort: „Du möchtest doch gar nicht so grausam sein. Ich hörte es eben an deiner Stimme. Du jammerst ja! Du bist doch unglücklich! Sehr unglücklich! Wer immer nur vernichten will, muss unglücklich sein. Nur der, der am Lebendigen seine Freude hat, der wird im Herzen Freude spüren.“

Alois erwartete den Protest des Eisriesen oder gar eine schnaubende Wut. Aber es blieb seltsam still da draußen. Er hörte nur ein leises Schnaufen.

Dann schluchzte der Eisriese auf: „Du hast ja Recht! Eigentlich bin ich sehr unglücklich. Ich sehne mich so sehr nach Wärme. Aber wo ich auch anklopfe, überall bleiben mir die Türen verschlossen. Niemand will mich in seiner warmen Stube haben. Deshalb bleibt mir nichts anderes übrig, als schnaufend um die Häuser herum zu blasen und, wenn ich Glück habe, durch die Fensterscheiben in die Wohnstuben zu blicken. Aber davon spüre ich auch keine Wärme und ich werde noch trauriger oder auch zornig. Außerdem schließen die Menschen, wenn sie mich erblicken oder meinen frostigen Wind spüren, rasch die Läden oder ziehen die Vorhänge vor. Ja, und dann werde ich wütend und tobe umso heftiger und versuche durch die kleinste Ritze einzudringen."

Alois konnte vor Verwunderung nichts sagen, und obwohl er sich bemühte, er brachte kein Wort hervor.

Und außerdem, was hätte er dem Eisriesen sagen sollen? Es ist ja manchmal so schwer, die richtigen Worte zu finden.

Doch jetzt tönte ganz behutsam, fast scheu, aber doch deutlich flüsternd die Stimme des Eisriesen: „Alois, lass mich herein!"

Beinahe hätte sich Alois erweichen lassen, so Leid tat ihm der Riese. Aber dann besann er sich doch.

„Hör zu, Eiskönig!", sagte er, „jeder hat hier auf der Erde eine Aufgabe. Du hast aber nicht die Aufgabe hinter dem Ofen zu hocken. Du hast dafür zu sorgen, dass der See zufriert. Die Menschen können dann darauf Schlittschuh fahren.

Du solltest den Schnee heranwehen, damit die Kinder einen Schneemann bauen und mit dem Schlitten fahren können.

Und dann hast du noch eine ganz wichtige Aufgabe. Du musst deinen kalten Atem über das Land blasen, damit die Pflanzen nicht zu früh ihre Nasen aus der Erde stecken. Sie müssen ja warten, bis dass es Frühling wird.

Ich war früher Lokomotivführer. Ich musste dafür sorgen, dass die Menschen schnell und sicher von einem Ort zum anderen kamen.

Das ist nun schon eine Weile her. Nun bin ich zu alt, um die Lokomotive zu fahren.

Ich habe aber nun eine neue Aufgabe. Ich schnitze das Krippenkind, damit es die Menschen anlächeln kann, um sie ein wenig freundlicher und gütiger zu machen."

„Oh!", seufzte da der Eisriese, „eigentlich hast du ja Recht, aber…"

„Was aber?", brummte Alois und wollte die Klappe schon schließen.

„Aber wenn du mich schon nicht in die warme Stube lässt, was ich ja einsehe, so könntest du mich doch in deine Stube hineinsehen lassen, wenn du das Krippenkind lächeln lässt."

„Na gut", nickte Alois, „das lässt sich wohl machen. Vielleicht bist du dann auch ein wenig milder gestimmt. Weißt du, der kleine Herr Jesus hat bald, nämlich am Weihnachtstag, Geburtstag, und da wäre es gut, wenn du ihn mit deiner ärgsten Wut verschonst. Er wird nämlich in einem zugigen Stall geboren."

Aber nun beeilte sich Alois, wieder an die Arbeit zu kommen. Er schloss das Fensterchen in der Haustüre und verriegelte es fest und schlurfte in seinen dicken Filzpantoffeln in die Stube.

Er wollte gerade wieder anfangen, an einem Krippenkind zu schnitzen, da hörte er schon das leise mahnende Geklapper an den Fensterläden und einen dicken Schnaufer, der gegen das Fenster blies.

„Ja, ja!", knurrte Alois, „nun werde nicht ungeduldig! Ich öffne schon die Vorhänge."

Einen Augenblick blieb er noch unschlüssig stehen, dann holte er die schönste Krippe herbei und stellte sie auf einen Tisch von innen vor das Fenster.

Und in der Mitte lag das lächelnde Jesuskind.

Als Alois hinaus blickte, sah er, wie dicke Schneeflocken vom Himmel fielen und die Bäume und Wege weiß puderten, und mit einem Mal war es draußen ganz still.

In den nächsten Tagen hatte es sich herumgesprochen, und immer wieder kamen die Jungen und die Alten, um das Kind in der Krippe hinter dem Fenster zu bestaunen. Und wenn Alois hinsah, blickte er in frohe Gesichter, die lächelten.

Als dann der Geburtstag des Jesuskindes herankam, schlug das Wetter um und es wurde milder. Der Schnee schmolz.

„Du hast also dein Wort gehalten, Eisriese", brummte Alois vor sich hin, „nur ganz so warm hätte es doch nicht werden müssen. Aber so ist das wohl mit dir, entweder bläst du uns grimmige Kälte ins Gesicht oder zu ziehst dich weit nach Norden zurück und überlässt den warmen Winden das Spiel. Es ist schon schwierig, das richtige Mittelmaß zu finden."

Der Stall von Bethlehem

Wie wir ja alle wissen, waren es von allen Tieren nur der Ochs und der Esel, die allein würdig waren, der heiligen Familie in ihrer Not beizustehen.

Der Esel durfte auf dem Weg von Nazareth nach Bethlehem die Maria und den Josef begleiten und die Dinge schleppen, die sie für ihre beschwerliche Wanderung so notwendig brauchten, Brot und etwas Dörrfleisch, ganz gewiss einige Schläuche mit Wasser, ein paar Decken gegen die Kälte der Nacht und, nicht zu vergessen, die Windeln für das Jesuskind.

Manchmal suchte Maria wohl auch ein wenig Halt an dem Grauen und griff nach den Traggurten, um sich festzuhalten und zu stützen.

Der Esel hielt dann an und wartete geduldig, bis die Maria sich ein wenig erholt hatte, obwohl auch ihn die unbarmherzige Sonnenglut bedrängte und er am liebsten rasch weitergegangen wäre, um in einen kühlen Schatten zu gelangen und an einer Quelle oder einem Wasserloch seinen Durst zu stillen.

Im Stall zu Bethlehem lernte er dann seinen Freund, den Ochsen, kennen, und beide erwärmten mit ihren Leibern und dem Dunst ihres Atems die kalte Luft in dem alten Stall, damit der Josef und seine Maria, besonders aber das kleine Jesuskind nicht frieren und krank würden. Und mit ihren Schwänzen vertrieben sie die lästigen Fliegen aus der Nähe der Krippe mit dem göttlichen Kind, was ja, wie jedermann bekannt ist, einer großen Mühe und Geduld bedarf.

Sie allein von allen Tieren durften das Wunder der Geburt bestaunen, und erleben, wie froh und glücklich die Menschen wurden, die das göttliche Kind besuchten.

Es war nur schade, dass die heilige Familie nach einiger Zeit eines kleinen Glücks so plötzlich aufbrechen musste. Und auch sein Freund, der Esel, musste den Ochsen verlassen und mitziehen auf die Flucht, um den kleinen Jesus vor den Untaten des König Herodes und seiner Soldaten zu bewahren.

Erst viel später trafen sich die beiden im ewigen Reich der Tiere wieder. Und da sie auf Erden ihren Dienst in aller Bescheidenheit und Sorgfalt verrichtet hatten, ließ ihnen der Herr am Ende einen ganz besonderen Platz in seiner Nähe zuweisen.

Fast zweitausend Jahre lebten sie dort ohne Not, ohne Hunger und Durst und ohne die Angst vor den Schlägen ungerechter, wütender Menschen.

Es war schon gut so, und sie waren ja auch zufrieden.

Aber dann fasste sich der Ochs als der größere von den beiden doch ein Herz.

„Großer Herr", so begann er unsicher, denn er wollte ihn ja nicht beleidigen, „großer Herr, wir wollen ja nicht undankbar sein oder uns gar beschweren. Aber wir sind doch ein wenig neugierig, was…, wie…", und dann kam er gar ins Stottern, sodass er schließlich verschämt schwieg und der Esel ihm helfen musste.

„Nur ein einziges Mal", schnarrte der Esel mit seiner heiseren Stimme, „nur ein einziges Mal möchte mein Freund, der Ochse, auf die Erde, um nachzuschauen, wie der alte Stall von damals heute aussieht und ob wieder das Wunder darin geschieht."

Und er, der Esel, müsse ihn selbstverständlich begleiten, damit seinem Freund nichts zustoße.

Nun, der Herr gewährte ihnen die bescheidene Bitte, und in der Zeit vor der Weihnacht durften die beiden hinab zur Erde. Nicht nach Bethlehem, nein dorthin, wo du wohnst. Denn, so meinte der Herr, den Stall von Bethlehem könne man überall finden, wo die Christen den Weg durch den Advent gingen.

Und so gelangten die beiden in der Dämmerung des schläfrig gewordenen Tages auf dem Marktplatz einer Stadt ganz in deiner Nähe.

Verwundert schauten sich Ochs und Esel an; einen solchen Trubel hatten sie wohl nicht erwartet. Doch bald fanden sie ein wenig Gefallen an dem emsigen Gewirr. Und als der Ochse seinen schweren Kopf geschüttelt hatte, so, als wolle er Traum und Schlaf abstreifen, da stand er doch tatsächlich vor einem großen Stand mit vielen kleinen Ställen, in denen noch kleinere Figuren hockten.

Immer wieder kamen Menschen vorbei, schauten sich die kleinen Ställe und Figuren an, nahmen sie auch in die Hand, betrachteten sie und stellten sie dann doch wieder zurück. Nur ein kleiner Junge durfte stolz und froh solch einen Stall und einige Figuren davontragen.

Schwerfällig schüttelte der Ochse seinen mächtigen Kopf, und dann noch einmal, etwas heftiger, so, als wolle er seinen Augen nicht trauen und das Spukbild verscheuchen.

Dann brummte er vor sich hin, dass einige Leute erschrocken zur Seite wichen: „Das ist nicht der Stall von Bethlehem."

Er suchte seinen Freund, den Esel, und hatte ihn auch bald entdeckt. Der versuchte gerade, etwas von dem Gebäck, das in einer Einkaufstasche steckte, anzuknabbern. Aber es gelang ihm ja nicht, denn das süße Brot steckte wohl verwahrt unter einem gläsernen Papier.

In diesem Augenblick drehte sich die Frau um und erschrak.

„Was will der Esel denn hier?", rief sie, zog die Tasche zu sich heran und schlug ihm mit der Hand auf sein Maul.

„Mach, dass du wegkommst!", schimpfte sie aufgebracht, „eine Unverschämtheit, solch ein stinkendes, gefräßiges Tier so ohne Aufsicht auf dem Weihnachtsmarkt umherlaufen zu lassen."

Der Esel wich einen Schritt zurück, Schläge war er ja von früher gewohnt.

Er schlug einmal mit dem Kopf und wollte gerade weitertrotten, als der Ochse ihn anstieß und brummte.

„Ich denke", grunzte er ein wenig enttäuscht, „hier sind wir wohl falsch. Hier ist nicht der Stall von Bethlehem. Aber nun müssen wir uns endlich auf den Weg machen, den richtigen Stall zu suchen."

Und so trotteten die beiden schwerfällig daher, blieben hier und da stehen und bewegten suchend den Kopf hin und her.

Einige Leute wunderten sich, dass Ochs und Esel hier so frei umherliefen. Schließlich war ihnen aber doch klar, dass zu einem Christkindlmarkt wohl auch Ochs und Esel dazugehörten.

Einige Kinder wagten sich sogar heran und streichelten die Tiere. Ochs und Esel ließen es willig geschehen. Ach, wie wohl tat es ihnen, so freundlich behandelt zu werden. Allzu oft hatten sie in der Zeit ihres Erdenlebens die prügelnde Hand ihres Herrn zu spüren bekommen oder sich vor seinem groben Geschrei erschrocken.

Nur der Esel konnte sich an die zarten Hände der Maria erinnern, und auch der Josef hatte ihm immer sehr gütig zugeredet. Leider war die Zeit in der heiligen Familie so kurz gewesen.

Nun aber setzte sich der Ochs in Bewegung; ihm war wieder der Stall eingefallen.

Nachdem sie sich nunmehr etwas zielstrebiger und zügiger durch die Menge der Leute geschoben hatten, gerieten sie unversehens an eine lange Reihe fahrender Ungetüme mit hell aufblitzenden Augen.

Den Ochsen störte dies kaum, und er schwankte, unbeirrt seinen Weg gehend, vor ihnen her, so sehr sie auch lärmten und ungeduldig schrien. Er schaute sich nur dann und wann ein wenig um, ob der Esel auch mitkäme.

Doch nun wurde es plötzlich taghell um sie herum, fast so wie damals, als das Kind geboren wurde und der Stern der Verheißung den Weg wies. Der Ochse blinzelte in das gleißende Licht und versuchte, den Stall zu entdecken. Vergebens. Und dann war ihm bald klar, denn so ein Ochse ist viel klüger, als manche glauben, dass es gar kein Sternenlicht war, das ihn da umgab. Dieses Licht war nur hell. Es fehlten die Strahlen eines Sterns. Und außerdem blickten die Menschen nicht empor in den Himmel, um dort den Stern der Verheißung zu suchen, sondern sie blickten irgendwohin, jeder schaute in eine andere Richtung, keiner schien das Himmelslicht zu vermissen. Ja, als der Esel vorsichtig versuchte, seinen Kopf seitwärts zu drehen, um nach oben zu spähen, sah er nichts anderes als schwarze Nacht über dem Schein trügerischer Helle. Nirgendwo leuchtete der strahlende Stern, der die Herzen bewegte, damit alle Kreatur den Stall fände.

Ochs und Esel waren von alledem so verwirrt, dass sie für einen Augenblick den Stall vergaßen.

Doch nun hörten sie scheltende Stimmen, ein lautes Schreien und Rufen, und sie erinnerten sich, dass es besser sei, sich aus dem Staub zu machen.

Und überall, wo sie hinkamen, waren die Menschen unterwegs. Sie liefen in einem fort. Sie liefen und liefen, hin und her, kreuz und quer, manche schnell, viele hastig eilend. Aber niemals sah man ein Ziel, auf das sie zugingen.

Einige blieben vor den erleuchteten Fenstern stehen, schauten hindurch oder verschwanden durch die Türen in die Höhlungen der Gebäude. Andere drängten wieder hervor, oft bepackt mit Taschen und Paketen. Aber sie eilten alle nicht zum Stall, um mit ihren Gaben das Jesuskind mit seinen Eltern zu erfreuen. Nein, sie nahmen alles mit, obwohl sie es kaum noch zu tragen vermochten und unter der Last dahinstolperten.

Sie waren auch nicht erregt in der Vorfreude über das köstliche Ereignis, auf das sie zugingen. Die meisten eilten gar mit finsterer Miene vorüber.

Traurig blieben Ochs und Esel endlich stehen und blickten sich fragend an: Alle Menschen liefen und eilten, aber keiner war auf dem Weg zum Stall.

Kannten sie den Weg dorthin nicht mehr?

Waren sie überhaupt auf der Suche nach dem Wunder?

Ja, erinnerten sie sich überhaupt noch an das wunderbare Geschehen im Stall von Bethlehem?

Konnte man den armseligen Stall überhaupt noch finden inmitten dieser kalten Trostlosigkeit und Fremdheit?

Ach, wie waren Ochs und Esel froh, als sie ihre Erdenreise beendet hatten und wieder in ihrem ewigen Reich angekommen waren.

Aber die Sehnsucht nach dem Stall, in dem vor zweitausend Jahren das Kind geboren wurde, das so viel Liebe in die Welt bringen sollte, diese Sehnsucht erfasst Ochs und Esel jedes Jahr zur Zeit der langen, dunklen Nächte aufs Neue und lässt sie eine Weile unruhig werden.

Und wie ist es bei den Menschen? Erwacht nicht auch bei ihnen zur Zeit des Advents eine tiefe Sehnsucht nach der Weihnacht, nach dem Kind in der Krippe, nach dem Licht des Sterns und dem kleinen armseligen Stall, in dem das Wunder der Geburt geschah.

Doch nur der findet den Weg dorthin, der sich in Einfachheit und Demut auf die Suche begibt.

Und wenn du dazu bereit bist, dann vermagst du vielleicht auch heute noch den Stall von Bethlehem zu erblicken und das Kind in der Krippe, ganz in deiner Nähe.

Das Tretauto

Es war noch zu der Zeit, als man das, was man gerne besitzen wollte, selber machen musste. Man konnte es eben nicht kaufen, weil man entweder kein Geld hatte oder es in keinem Geschäft angeboten wurde.

Es war nämlich damals Krieg.

Und dennoch, Vater wollte meinem älteren Bruder eine Freude zum Weihnachtsfest machen, denn was war schon die Weihnacht ohne ein Geschenk.

Lange überlegte er, was er wohl bauen könnte.

Ach, es fiel ihm ja so viel ein! Aber wo sollte er das Material dafür hernehmen? Irgendetwas fehlte immer.

Doch dann hatte er sich entschlossen. Er wollte ein Tretauto bauen, ein Auto, in das sich mein Bruder hineinsetzen und sich selbst fortbewegen konnte.

Und da er nichts von Vaters geheimen Arbeiten für das Christkind wissen durfte, verschwand der Vater abends, wenn die Mutter uns zu Bett brachte, in den Keller und bastelte bis tief in die Nacht. Oft konnte er bei dämmrigem Kerzenlicht kaum etwas sehen, da plötzlich der Strom ausfiel und das Licht ausging.

Doch bei all seinem Tun blieb er die Ruhe selbst.

Später konnte ich ihn oft bei seinen Arbeiten beobachten. Er blieb auch dann gelassen, wenn ihm etwas nicht glückte. Manchmal lächelte er dann über sich selbst. Nie kam ein unbeherrschtes oder gar böses Wort über seine Lippen, ganz gewiss nicht in meiner Gegenwart.

Nur die Mutter konnte diese Eigenart des Vaters kaum ertragen. Seine himmlische Ruhe brachte sie jedes Mal aus der Fassung.

„Wie kann ein Mensch immer eine solche Geduld haben!“, sagte sie und seufzte.

Ich aber glaube, dass mich das Wesen des Vaters damals anrührte und bis in die heutige Zeit prägte. Denn noch heute steht für mich fest: Alle guten Dinge gedeihen in der Stille. Sie benötigen Geduld und Güte. Sie bedürfen nicht der großen Worte.

Leider vergesse ich das in den kleinen Bedrängnissen des Lebens doch allzu oft und werde mir selber untreu.

An den langen Abenden der Adventszeit wuchs also das Auto heran. Immer wieder musste der Vater die Arbeit unterbrechen und umplanen, weil das notwendige Material nicht aufzutreiben war.

Endlich, noch rechtzeitig zur Weihnacht, wurde das Auto doch fertig. Es war ein Wunderwerk an Eleganz und Technik, ein blaues Auto mit gelben Felgen und schwarzer Stoßstange.

Jeder kann sich vorstellen, wie erwartungsfroh der Vater mit seinem Sohn am Weihnachtstag auf die Straße ging, um eine Probefahrt zu machen.

Mein Bruder trat in die Pedale, und, tatsächlich, das Auto flitzte über die Straße, wendete an der nächsten Ecke und kam wieder herangefahren. Der glückliche Fahrer bremste und kam genau vor dem Vater zum Stehen.

Ach, wie gerne wäre auch ich einmal mit dem Wunderauto gefahren. Doch ich war noch zu klein, meine Beine waren zu kurz.

Lange dauerte die Freude unseres Vaters aber nicht, denn bald musste er in den Krieg.

Lange Zeit hörten wir nichts von ihm. Dann wurde mein Bruder krank. Kein Arzt und keine Medizin konnten ihm helfen. Er wurde immer schwächer, lag in seinem Bett, schlief fast immer und wurde schließlich nicht mehr wach. Wir waren alle sehr traurig.

Tief betroffen und traurig aber war mein Vater, als er nach Kriegsende wieder nach Hause kam und erfuhr, dass mein Bruder gestorben war. Er sagte nicht viel, aber ich habe oft gesehen, wie er weinte.

Das Schweigen war ihm schon immer zu eigen gewesen, und er öffnete nur ganz selten einmal die Tür zu seinem Inneren einen Spalt und ließ einen Blick zu. Und wenn es dann doch einmal geschah, dann war es weniger ein Wort als vielmehr ein Blick, ein Lächeln oder auch nur ein tiefer Atemzug oder eine Gebärde.

Einmal kam ich in den Keller. Dort stand das Auto. Doch aller

Glanz war von ihm gewichen. Staub bedeckte den glatten Lack, und an den Rädern klebte noch der Schmutz von seiner letzten Fahrt.

Ich erschrak ein wenig, denn der Vater stand an seinem Wunderwerk. Er hatte mich nicht bemerkt. Er war ganz in seinen Gedanken versunken. Gewiss dachte er an seinen kleinen Sohn und erinnerte sich an die fröhlichen Autofahrten auf der Straße. Schließlich strich er mit einer Hand über den Lack, ja, er streichelte das Auto. Und jetzt leuchtete die blaue Farbe. Von der Staubschicht befreit zeigte sie ihre glänzende Schönheit.

Als mich der Vater bemerkte, wurde er unsicher. Ich ging langsam auf ihn zu. Er ging in die Knie und dann drückte er mich an seine Brust. Ein kühler Tropfen fiel auf meine Hand.

Wir redeten nicht miteinander. Er nahm eine alte Decke und legte sie über das Gefährt. Auch später verloren wir kein Wort über die Begegnung im Keller. Es blieb unser Geheimnis.

Es ging in jenem Jahr wieder auf die Weihnacht zu; die erste Adventskerze brannte schon. Ich wünschte mir insgeheim, Besitzer des Tretautos zu werden. Aber ich wagte nichts davon zu sagen. Ich dachte, es wäre doch wohl ein besonders günstiges Geschenk für mich. Das Christkind brauchte jedenfalls kein Geld auszugeben; das Auto war ja schon da.

Jeden Tag schlich ich in den Keller, hob ein wenig die Decke, mal hier, mal dort, und freute mich immer mehr auf das Weihnachtsfest. Ja, ich konnte es kaum erwarten.

Doch eines Morgens war das Auto verschwunden. Ich erschrak und hatte bald ein schlechtes Gewissen. Das Christkind hatte sich gewiss über mich geärgert, weil ich so ungeduldig und neugierig war, weil ich immer wieder in den Keller geschlichen war, um das Auto zu sehen. Und jetzt würde meine Ungeduld bestraft werden. Ganz gewiss würde eines der Kinder aus der Nachbarschaft am Weihnachtstag stolz mit dem Auto über die Straße fahren. Und ich? Ich hatte das Nachsehen und konnte nur voller Neid am Fenster stehen und traurig meinem Wunderauto nachblicken.

Ich spürte mit einem Mal einen Druck im Hals. Er wuchs zum

Schmerz, der immer heftiger wurde, und dann brach ich in Tränen aus und hockte mich schluchzend auf den Hackklotz. Nur langsam beruhigte ich mich wieder und stand auf, um nach draußen zu schleichen. Obwohl es dort ungemütlich kalt war, wollte ich der Mutter nicht in der Küche begegnen, damit sie mein verheultes Gesicht nicht zu sehen bekäme.

Doch plötzlich blieb ich stehen und schnupperte. Diesen Geruch kannte ich. Das musste der Geruch von Leim oder Farbe sein! Und dieser Geruch musste aus dem Verschlag neben der Waschküche kommen!

Ich öffnete vorsichtig die Tür, knipste das Licht an und da stand das Auto vor mir.

Blitzblank! Ganz neu angestrichen!

Ich war nun wieder fest davon überzeugt: Das Auto wird doch mein Weihnachtsgeschenk.

Für die letzten Tage bis zur Weihnacht nahm ich mir allerdings vor, nicht mehr so neugierig zu sein und vermied es, in die Nähe des Verschlags zu kommen. Nur zur Vorsicht, nicht, dass noch einmal meine Neugier meine guten Vorsätze besiegen würde.

Wenige Tage vor der Weihnacht hielt ein Lkw vor unserem Haus. Es war ein milder Dezembertag, und ich war gerade dabei, mit Großvater zusammen das Staudenbeet in Ordnung zu bringen. Meine Neugier zog aber nun der Lkw auf sich, denn dass ein Lkw vor unserem Haus anhielt, war zur damaligen Zeit noch nie geschehen. Was mochte der nur wollen?

Aber schon kam Vater aus dem Haus und redete mit den beiden Männern. Sie öffneten die Plane hinten am Laderaum. Und dann sah ich die Kartoffeln! Sechs Säcke voll Kartoffeln!

„Sechs Zentner!“, sagte Vater.

Wie ich mich freute! Wir konnten zur Weihnacht Kartoffeln essen.

Die Männer packten jeder einen Sack auf die Schultern und trugen sie in den Keller. Bald tauchten sie wieder auf und trugen die nächsten Säcke in den Keller und dann die restlichen zwei.

Meinen Vater sah ich nicht mehr.

Zuletzt kamen die Männer aus dem Keller und trugen das Tretauto zwischen sich, einer vorn, der andere hinten. Sie gingen über den Hof, an der Haustür vorbei, zur Straße und schoben das Tretauto in den dunklen Laderaum.

Das Auto verschwand.

Ich schlich in den Keller und wollte mich wieder auf den Hackklotz setzen. Da rief die Mutter zum Abendessen. Sie hatte Kartoffeln gekocht und dann mit Zwiebeln gedämpft.

Der Vater fehlte am Tisch.

„Er fühlt sich nicht so gut!“, sagte die Mutter.

Auch ich fühlte mich nicht gut. Ich saß vor dem Teller mit den Kartoffeln und pickte mit der Gabel auf dem Teller herum. Mein Magen schien bis oben hin gefüllt zu sein, keine einzige Kartoffel wollte hineinpassen.

Mutter sagte nichts.

Nach dem Essen schlich ich ins Bett. Endlich konnte ich mein Gesicht in das Kopfkissen drücken und den Tränen freien Lauf lassen.

Später, ich glaube, es waren zwei oder drei Jahre danach, baute Vater wieder ein Tretauto, ein grünes mit roten Kotflügeln.

Aber es fuhr nicht so gut wie das blaue. Und das war gewiss keine Einbildung!

Die sechs Ruprechte

Es gibt wohl kaum ein schwieriges Geschäft für einen Familienvater, als in den Tagen vor der Weihnacht Ausschau zu halten nach einem Christbaum. Er weiß ja ganz genau, dass nichts so sehr in seiner Familie mit kritischem Blick betrachtet wird, wie der Weihnachtsbaum, den er besorgt hat.

Und sei er unter Hunderten von Fichten, die dazu auserwählt sind, weihnachtlich geschmückt die Menschen zu erfreuen, der allerschönste Baum, der gnädigen Frau aber ist er bestimmt zu dicht gewachsen, dem Fräulein Tochter ist er in der Spitze zu licht und der Herr Sohn hat erspäht, dass der Stamm hätte noch krummer sein können.

Allein den Kleinsten in der Familie bleiben alle Unebenheiten verborgen. Denn die leuchtenden Kerzen, die Strohsterne, die roten Äpfel, das bunte Zuckerzeug und was sonst noch den Baum ziert, verdecken alle, ach so schändlichen Stellen, die nimmermüde Augen zu entdecken suchen.

So nimmt es nicht wunder, dass in den Tagen vor der Weihnacht sich da sechs Männer zusammenschließen, um gemeinsam auszuziehen, um Auge und Herz der Familie zufrieden zu stellen. Vielleicht lässt sich die Verantwortung so leichter tragen.

Bald sieht man also hier und dort eine eingemummte Gestalt durch die Schonung kriechen, jeden Baum eingehend begutachtend.

Es ist dann schon so, dass manchem die Sprache des Herzens auf die Zunge rutscht. Aber es sind ja beileibe nicht immer freundliche Worte, die der Suchende vor sich hin grummelt.

Man kann nur hoffen, dass die empfindsame wehrlose Seele einer Fichte nicht allzu sehr vom Unrat der demütigenden Urteile verletzt wird.

Wie schnell ist ja der Mensch dabei, nur das anzuerkennen, was ihm nach außen hin mit Ebenmaß und Vollkommenheit begegnet. Für jede besondere Eigenart, die jedes Wesen doch wohl schmückt oder die es in sich birgt, fehlen dem Betrachter oft Zeit und Geduld, vielleicht auch der Wille und die Fähigkeit zu schauen.

Aber es scheint auch wirklich kein einziger Baum die gestellten Anforderungen zu erfüllen. Ja, je länger man die ausersehenen Bäume betrachtet, umso hässlicher werden sie.

Schließlich treibt ein gewisser Erfolgszwang einen der Suchenden, den Berthold, dazu, sich für eine Fichte zu entscheiden, die am Rande der Schonung schon etwas mehr Platz für ihre Zweige benötigen durfte.

Als er schließlich die Säge ansetzen will, gerät ihm der Vinzenz dazwischen. Von ihm muss er erfahren, dass der Baum ja viel zu breit sei, dass er wohl sein Wohnzimmer ausräumen wolle und dass er vor allen Dingen nicht vergessen solle, rechtzeitig ein Loch in die Zimmerdecke zu stemmen.

Wenn man dem Berthold auch den Missmut ansieht, so lässt er sich doch überzeugen und setzt die Säge wieder ab.

Im Dezember versinkt die Sonne schon früh am Nachmittag hinter den Hügeln und den hohen Fichten, und die Tannenbaumväter spüren allmählich eine unangenehme Kälte an den Beinen hoch kriechen bis in den Rücken hinein. Ein eisiger Schauer fährt manchem hin und wieder durch den ganzen Körper, sodass er schnell zur Flasche greift, um ihn mit ein paar Schlucken wieder zu vertreiben.

Das tut gut, und vor allen Dingen weicht die fröstelnde Kälte und macht einer wohligen Wärme Platz. Ja selbst die innere Unruhe lässt sich besänftigen und schenkt einem fröhlichen Gleichmut Raum.

Und dann sinkt fast unbemerkt der erste, noch rosige Dämmerschein über Wald und Menschen. Die Konturen werden undeutlich und bald hat ein grauer Schleier alle Unebenheiten milde zugedeckt. Die spähenden Blicke erkennen mit einem Mal die Schönheiten der Bäume, die eben noch als vollkommen unbrauchbar und hässlich galten.

Es dauert nicht lange, da hat jeder seinen Baum gefunden und schleppt oder trägt ihn den Berg hinan zum Fahrweg.

Nur einer fehlt noch, der Vinzenz.

Und da man schon vermutet, dass ein zu tiefer Zug aus der Flasche ihn zu schläfrig gemacht habe, muss man noch einmal den Berg hinunter, um ihn zu suchen.

So kommt man noch gerade rechtzeitig hinzu, um zu sehen, wie der Vinzenz seinen Baum endlich gefunden hat und dabei ist, ihn abzusägen.

Berthold traut seinen Augen nicht. Es ist der Baum, den er schon auserwählt und den der Vinzenz ihm so schlecht gemacht hatte.

Aber davon will der Vinzenz nichts wissen. Und außerdem, so meint er, sei es schon dunkel.

Und da niemand einen Streit will, ziehen bald sechs wohl gelaunte Knecht Ruprechte zufrieden in Richtung Dorf, ein jeder bepackt mit seinem schönsten Tannenbaum.

Bevor man aber auseinander geht und ein jeder ganz heimlich durch die Hintertür ins Haus schleicht, um den Christbaum zu verstecken vor den neugierigen Blicken von Frau und Kind, muss man sich noch einmal aufwärmen mit ein paar Korn in Konrads Kneipe.

Und draußen vor der Tür stehen aufgereiht sechs wunderschöne Tannenbäume.

Da man so durchgefroren ist, dauert das Aufwärmen selbstverständlich eine etwas längere Weile. Bis die Augenlider schwer werden und auch einmal zufallen.

Der Aufbruch geht nur mit Mühe vonstatten.

Jeder schleppt seinen Baum davon, keiner den eigenen; vor allen Dingen braucht man ihn aber auch, um sich daran festzuhalten.

Berthold ist der letzte. Er nimmt den letzten Baum, der eigentlich sein erster war, und der doch Vinzenz‘ Baum ist.

Aber das braucht ja niemand zu verraten.

Bratäpfel

Flink, nun heizt den Ofen an,
dass er schön warm werden kann!
Denn wir brauchen heiße Glut,
dass die Äpfel werden gut.

Hört, es knistert, zischt und pafft,
Äpfel brutzeln in dem Saft.
Wunderduft steigt aus der Röhre,
Nas' und Magen zu betören.

Nun heraus, ihr Apfelklöße!
Drüber noch Vanillesoße.
Passt nur auf, ihr lieben Leutchen,
dass ihr nicht verbrennt das Mäulchen.

Der Gimpel

Eigentlich hieß er Franziskus. Doch wer nennt schon einen kleinen Jungen Franziskus? Die Eltern und die Nachbarn nannten ihn Franzi. Wenn er groß und erwachsen wäre, würden sie ihn alle Franz nennen.

Der Herr Pfarrer hatte gemeint, Franziskus sei ein schöner Name. Er hatte ihm erzählt, dass der heilige Franziskus ein großer Tierfreund gewesen sei, vor dem die Tiere keine Scheu gehabt hätten, der sogar mit den Tieren gesprochen habe.

In einem alten Lesebuch hatte der Franzi auch ein Bild gefunden. Es hieß: Der heilige Franziskus redet mit den Tieren.

Er hatte es ausgeschnitten und in seinem Zimmer an die Wand geheftet.

Von da an wollte er auch so werden wie der heilige Franziskus. Nein, nicht so ein großer Heiliger. Auch keiner, der in die Einöde zog. Vielleicht später, wenn er mal alt sei. Franzi wollte ein großer Tierfreund werden.

Großvater merkte als erster etwas von Franzis Plänen. Immer wieder besuchte Franzi den Großvater und wollte von ihm etwas hören über die vielen Vogelarten, über die Schmetterlinge und die vielen anderen Tiere in Feld und Wald.

Nur das Zähmen der Tiere wollte ihm nicht so recht gelingen. Es war schon gut, wenn ein Pfauenauge eine Weile auf seinem Arm sitzen blieb und mit dem Rüssel die Haut abtastete.

Ach, wie glücklich war Franzi, wenn im Hühnerstall die Hühner auf ihn zuliefen und einige sich streicheln ließen. Besonders eines suchte seine Nähe und ließ sich eine lange Zeit auf den Arm nehmen und umhertragen.

Als sie für die Vögel ein Futterhäuschen bauten, meinte Großvater: „Wir müssen besonders darauf achten, dass die Katzen die Vögel nicht fangen können. Es sind zu viele in der Nachbarschaft.“

Von da an mochte Franzi die Katzen nicht mehr.

Großvater aber meinte: „Auch die Katzen sind Tiere, die man lieb haben kann. Nur wenn es zu viele werden, sind sie eine Gefahr für die Singvögel. Aber daran sind die Menschen schuld. Sie schaffen sich immer neue Tiere an, doch nach einer Weile kümmern sie sich nicht mehr um sie, jagen sie fort oder setzen sie aus. Besonders Katzen streunen dann umher. In ihnen steckt ein Jagdtrieb, und der treibt sie hinter den Vögeln her. Die Katzen können nicht dafür. Wir dürfen ihnen nicht böse sein, auch wenn es für dich und auch für mich grausam erscheint, wenn sie die Vögel jagen, fangen und auffressen."

Der Winter war in diesem Jahr schon früh mit Schnee und eisiger Kälte gekommen. Die Vögel hatten bald das Futterhäuschen aufgesucht: die quirlige Schar der Meisen, ein paar Finken, das Rotkehlchen, selbstverständlich auch ein paar freche Spatzen, der dicke Kernbeißer und ab und zu auch eine schwarze Amsel, ein dick aufgeplustertes Männchen, das keine Mitfresser duldete.

Franzi hockte oft hinter der Fensterscheibe und beobachtete das geschäftige Treiben. Er kannte bald alle seine Gäste mit Namen.

Eines Tages stürzte er vom Fenster weg in die Stube, stürmte durch das Haus und konnte nicht schnell genug Großvater die neue Entdeckung mitteilen. Denn im Futterhaus saß ein ganz besonderer Vogel, einer mit einer roten Brust und einem schwarzen Kopf.

„Das ist ein Gimpel", meinte der Großvater, „manche Leute sagen auch Dompfaff zu ihm."

Franzi war so angetan von dem schönen Vogel, dass er jeden Tag hinter der Fensterscheibe hockte und sehnsüchtig auf ihn wartete. Er wünschte seinem Freund insgeheim die besten Körner. Am liebsten hätte er alle anderen Vögel zunächst vertrieben, bis dass der Gimpel sich satt gefressen hätte. Aber ein echter Tierfreund durfte sich dazu ja nicht hinreißen lassen.

Und so gefiel ihm auch eine Eigenart des Gimpels ganz und gar nicht. Es war ihm ein Ärgernis, wenn sein Freund auftauchte, dass der versuchte, alle anderen Vögel zu verjagen und ihnen das Futter streitig zu machen. Nur die Amsel ließ sich nicht einschüchtern, vor ihr musste er sich in Acht nehmen.

Franzi blieb nichts anderes übrig, als immer für genügend Futter zu sorgen, damit eben alle satt wurden und keiner unter der Gefräßigkeit des Gimpels und der Streitsucht der Amsel zu leiden hatte.

Wie in jedem Jahr, so fiel auch in diesem Jahr den Menschen in der Adventszeit wieder ein, dass sie sich ja um Geschenke bemühen mussten. Eine hektische Unruhe befiel fast einen jeden, und auch den Franzi hätte sie angesteckt, wenn er nur genügend Geld gehabt hätte. So stand für ihn sehr bald fest, dass er sein aufgespartes Sonntagsgeld für ein besonders gutes Futter verwenden würde, das er dem Gimpel und den anderen Vögeln am Weihnachtstag schenken wollte.

Und so stellte er schon in der zweiten Adventswoche eine große Tüte mit Vogelfutter, wohl verpackt in Weihnachtspapier, auf seinen Kleiderschrank. Franzi konnte sie von seinem Bett aus sehen.

Kurz nach dem dritten Adventsonntag begann es wieder zu schneien. Es lag bald so viel Schnee, dass der Vater sich erweichen ließ, die Schlitten vom Dachboden zu holen.

Für eine kleine Weile geriet bei Franzi das Vogelhäuschen in Vergessenheit.

Den ganzen Nachmittag hatte er gerodelt. Doch nun fröstelte es ihn, und er sehnte sich nach einer warmen Stube.

Vor dem Holzschuppen begegnete ihm Nachbars Katze.

Er traute seinen Augen nicht. Sie trug etwas im Maul, etwas, das rot schimmerte.

„Das sieht ja aus wie Blut!“, dachte Franzi erschrocken.

Aber dann sah er, dass es sich bewegte.

Die Katze legte die Beute in den Schnee.

Es war der Gimpel.

Sie stieß ihn mit der Pfote an, rollte ihn herum und stupste ihn mit dem Maul hin und her.

„Der piepst ja nicht mehr! Vielleicht ist er schon tot?“, dachte Franzi. Und plötzlich stürzte er vor Wut und Entsetzen auf die Katze zu.

Blitzschnell sprang sie davon.

Da stand er nun vor dem Vogel. Er lag auf der Seite und zuckte noch ein wenig. Franzi strich mit dem Finger über den kleinen Kopf. Aber der Vogel rührte sich kaum.

Als er ihn vorsichtig anhob, hatte ein Tropfen Blut den Schnee rot gefärbt.

Franzi umschloss den Gimpel sorgsam mit seinen Händen und trug ihn heim.

„Schau, Papa", sagte er traurig, „den hatte die Katze im Maul, und dann hat sie ihn auch noch mit den Pfoten geschlagen."

Der Vater breitete ein Stück Zeitung auf den Tisch und legte den Vogel darauf.

Der hatte die Augen geschlossen. Sein Atem ging in kurzen Stößen. Am Hals hatte sich sein Gefieder rot gefärbt.

Vater beobachtete das Vögelchen eine Weile aufmerksam und meinte dann: „Du, Franzi, ich glaube nicht, dass er überlebt. Er wird wohl bald sterben."

Franzi sah den Vater nicht an.

„Warte hier!", sagte Vater schließlich, „ich werde für ihn eine Pappschachtel suchen."

Den Vogel nahm er mit.

Nach einer Weile kam er zurück. Der Gimpel lag in der Schachtel. Er rührte sich nicht mehr.

„Franzi", der Vater sprach ganz leise, „es ist gut, dass der Vogel gestorben ist. So hat er keine Schmerzen mehr."

Franzi drückte sein Gesicht in Vaters Pullover und weinte. Vater drückte seinen Franzi an sich; auch sein Gesicht sah sehr bekümmert aus.

Dann suchten sie gemeinsam noch etwas Heu zusammen und polsterten die Schachtel damit aus. Sie legten den Gimpel wieder hinein und deckten ihn mit Heu zu. Am nächsten Tag beerdigten sie ihn im Garten. Sie mussten eine ganze Weile suchen, bis sie eine geeignete Stelle gefunden hatten. Und auch dort musste der Vater mit der Spitzhacke den Boden aufbrechen, denn er war hart gefroren.

Sie legten die Schachtel in die kleine Grube und deckten die gefrorenen Erdstücke wieder darüber. Schließlich deckte Franzi das

Grab noch mit Fichtenzweigen ab. Einen besonders großen Zweig stellte er auf das Grab und schmückte ihn mit Lametta und zwei kleinen silbernen Glöckchen aus der Weihnachtskiste.

Als er am Holzschuppen vorbei kam, glitzerte der dunkelrote Fleck im Schnee, und daneben lagen ein paar ganz kleine graue Federchen.

Die Tage bis zum Weihnachtsfest flogen allzu rasch dahin, und nun hatte Franzi Sorge, dass sein Geschenk für die Eltern noch rechtzeitig fertig würde.

Aber als dann am Heiligen Abend der Weihnachtsbaum in hellem Kerzenlicht erstrahlte, überraschte er Vater und Mutter mit einem Nistkasten für die Meisen, den er unter Opas Anleitung gebaut hatte.

Ja, und dann hatte er ja auch noch das Geschenk für seinen Dompfaff. Ein wenig traurig stellte er die Tüte unter den geschmückten Weihnachtsbaum.

Am nächsten Morgen hatte ein eiskalter Wind die Schneewolken vertrieben. Die Sonne schickte ihre hellen Strahlen über den frischen Schnee und ließ die Kristalle millionenfach aufglitzern.

Plötzlich sah der Großvater vom Fenster aus, wie der kleine Franzi mit einem Besen in der Hand und der Futtertüte im Arm durch den Schnee stapfte. Am Grab des Gimpels hielt er inne, schob den Schnee mit dem Besen weg und streute etwas von dem Futter auf das Grab.

Nach einiger Zeit ging er wieder ins Haus und kam zum Großvater. Der schaute noch immer hinaus, denn viele Vögel kamen herbei geflogen und besuchten ihren gefiederten Freund, der in der Erde ruhte.

Als Franzi das sah, strahlte er: „Der hat aber viel Besuch!"

Aber dann meinte er sorgenvoll: „Wenn nur die Katze nicht kommt!"

Und wieder nach einer Weile: „Opa, was können wir da machen?"

Großvater aber drückte ihn an sich und meinte beruhigend: „Da wird mir bestimmt etwas einfallen!"

Empfängnis

Der Schöpfung Atem sacht durchweht die Sinne
und haucht der Seele Gottes Allmacht ein.
Sie gehet immerfort den leisen Weg der Stille.
Verborgen tief erfüllet sich ein göttlich' Sein.

Entfernt von allem menschlichen Verlangen
gehet den ersten Schritt die Schöpferkraft.
Und wohl geborgen und von Gottes Geist umfangen
erwacht ein neues Leben wie aus Wundermacht.

Und Josef legt die Arme schützend um den Leib
und küsst Maria sanft. Er blicket weit voraus:
Ich habe dich so lieb, mein Weib. Ich weiß,
dass du bist angerührt von Gottes Atemhauch.

Josefs Frage an Maria

War's Zufall
oder Gottes Fügung,
dass dein Blick
den meinen traf?
Dass deine Seel'
die meine sanft berührte
und unser beider Atemhauch,
vereint,
des Lebens Wunder,
ganz in Lieb' umfangen,
werden lässt
in dir?

Ein Hoffnungsstrahl
für dich und mich!
Ein Hoffnungsstrahl
für viele, viele Menschen!

Elsi

Elsi konnte nicht sterben. Dabei war sie so müde. Das lange Leben hatte sie müde gemacht. Sie war ganz klein geworden. Aber noch wärmte in ihr ein Feuer, manchmal versteckt wie unter dichter Asche verborgen, dann aber wieder aufleuchtend aus kleinen beweglichen Augen und aus den Wangen, die unter den Augen in dunklem Rot glühten.

Gustav war ihr Mann gewesen; er war vor zehn Jahren gestorben. Er hatte sie alleine gelassen, wie Elsi oft sagte, alleine mit Jakob.

Gewiss, da waren auch noch die zwei Töchter. Aber Elsi traute ihnen nicht so recht und auch nicht den Schwiegersöhnen.

Sie waren zwar alle gut zu ihr; sie konnte sich wirklich nicht beklagen. Sie waren auch alle gut zu Jakob, meistens jedenfalls, aber eben nur meistens und nicht immer. Und das machte sie unruhig. Lange Nächte lag sie wach und betete.

Elsi konnte gut beten. Ihre Worte kamen aus einem gütigen Herzen, das die Lippen leise bewegte.

Sie betete vor jeder Mahlzeit. Samstags und sonntags, wenn alle um den Tisch saßen, betete sie vor, langsam und deutlich, voller Ehrfurcht.

„Komm, Herr Jesus, sei du unser Gast
und segne, was du uns gegeben hast!"

Alle anderen saßen, schwiegen und horchten auf Elsis Stimme. Es war immer dasselbe Gebet, immer dieselbe Botschaft und Melodie. Niemand nahm daran Anstoß. Das kleine Gebet wurde für Augenblicke zum Mittelpunkt allen Geschehens. Nichts anderes hatte in dieser kleinen Zeit Bestand. Und man spürte: Der Klang dieser Botschaft würde wohl auch nicht verstummen, wenn Elsi nicht mehr mit bei Tische saß.

Jakob war manchmal schwierig. Die anderen schimpften mit ihm, nannten ihn faul oder lahm. Dann wurde Jakob noch schwieriger. Niemand kam mehr mit ihm klar. Manchmal nannten sie ihn böse.

Kam Elsi hinzu, schwiegen alle. Sie sah alle der Reihe nach an, besonders lange den Jakob. Der drehte sich bald um und ging, irgendwohin. Erst nach Stunden tauchte er wieder auf. Sein Gesicht lachte, vielleicht etwas verschämt.

Manchmal war Angela bei der Uroma zu Besuch. Angela verstand sich gut mit Jakob. Die beiden hatten keinen Streit miteinander. Jakob mühte sich redlich, ihre vielen kleinen Wünsche zu erfüllen. Nur, Jakob brachte selten etwas zustande; er war meist sehr ungeschickt. Die beiden lachten dann. Die anderen schimpften. Angela nahm den Jakob bei der Hand. „Komm, Jakob!“, sagte sie und führte ihn hinweg.

Als sie sich das letzte Mal sahen, war Angela acht Jahre alt, Jakob sechzig.

Elsi hatte im Dezember Geburtstag. Die Nähe zum Weihnachtsfest brachte es mit sich, dass man den Geburtstag zusammen mit der Weihnacht feierte. Alle legten gemeinsam Geld zusammen, um Elsi etwas Größeres zu schenken. Mit den Jahren wurde dies immer schwieriger, weil man nichts mehr fand, womit man das Herz der Mutter und Großmutter hätte erfreuen können. Und wenn man sie schließlich doch fragte, so wusste man auch schon die Antwort. Elsi winkte ab. Sie hatte keinen Wunsch mehr.

„Es gibt nichts, was ich noch brauchen könnte“, meinte sie und lächelte zufrieden. Doch gleichzeitig blitzten ihre kleinen Augen auf, und sie sagte so ganz nebenbei: „Es sei denn, ein kleines Stückchen Ingwerkuchen.“

Aber was war schon Ingwerkuchen! Wohl kein würdiges Geschenk für eine alte Mutter zur Weihnacht!

Und so kam man überein, Elsi zu überlisten. Man fuhr mit ihr in die große Stadt und bummelte mit ihr durch die Einkaufsstraßen und besuchte die großen Ausstellungen in den Warenhäusern, immer in der Hoffnung, dass Elsi doch etwas sehen würde, was ihr zum Wunsch werden könnte. Es war auch nicht so, dass Elsi sich nicht für die vielen Angebote interessiert hätte und dass sie bald von all dem Trubel müde geworden wäre und sich nach Hause gesehnt hätte. Es schien ihr sogar ausnehmend gut zu gefallen.

Doch plötzlich, nach etwa zwei Stunden des Schauens, steuerte sie auf eine Rolltreppe zu, ließ sich hochfahren und freute sich, dass sie nun ihre Begleiter zu Kaffee und Kuchen in die Cafeteria einladen konnte.

Später auf dem Nachhauseweg meinte sie, dass man einen solchen Ausflug gewiss noch einmal wiederholen könne. Sie müsse schließlich noch einige Geschenke für das Weihnachtsfest besorgen.

Auch in dem Jahr, als Gustav starb, versuchte man Elsis Wünsche zu erfahren, sei es, um sie ein wenig abzulenken von der Trauer um ihren geliebten Mann, sei es, um ihr zu zeigen, dass sie sich im Kreise der Familie auf- und angenommen fühlen sollte.

Und so kam an einem der Sonntage im Advent wieder die Rede auf Elsis Weihnachtswunsch, den man ihr doch so gerne erfüllen wollte. Und zur Verwunderung aller meinte Elsi: „In diesem Jahr habe ich wirklich einen Weihnachtswunsch!“

Als sie das sagte, sah sie seltsam ernst aus, sodass eine erschrockene Stille entstand. Alle sahen Elsi angespannt an und warteten darauf, dass sie weiterredete.

Es dauerte eine Weile, bis sie weiter sprach, und man sah ihr an, dass sie nach den richtigen Worten suchte. Ihre Stimme zitterte, Herz und Leib waren bewegt, als sie schließlich die Worte hervorbrachte.

„Ich wünsche mir etwas. Aber diesen Wunsch kann mir niemand von euch erfüllen. Das kann nur der Herrgott im Himmel. Ihr könnt mir aber helfen, zu ihm zu beten, dass er mich erst dann sterben lässt, wenn der Jakob schon tot ist.“

Die Stille war beklemmend. Elsi tat einen tiefen Schnaufer und lächelte. Die anderen spürten Verlegenheit.

Was Jakob in seiner kindlichen Einfalt verstanden haben mochte, wird wohl Geheimnis bleiben. Er schaute das lächelnde Gesicht seiner Mutter lange an und dann schien ein Abglanz ihres Antlitzes auf das ihres Sohnes zu fallen. Auch er lächelte, suchte nach ihrer Hand und sagte leise: „Mama!“

Alle spürten in sich das Verlangen, Elsi einen Weihnachtswunsch zu erfüllen, aber jeder wusste, dass alles Bemühen nicht nur zwecklos sein würde, sondern dass jedes weitere Gespräch darüber zu aufdringlich gewesen wäre, ja Elsi womöglich beleidigt hätte.

So blieb es dabei, dass man sich am Weihnachtstag viele große und kleine Wünsche untereinander zu erfüllen suchte. Elsi saß dabei und lächelte. Sie war glücklich und freute sich darüber, dass sie nichts geschenkt bekam außer dem Geschenk des Lebens und vielleicht auch, dass sie doch Verständnis gefunden haben mochte bei den Menschen ihrer Nähe.

Ab und zu nahm sie ein Stückchen Ingwerbrot.

Zehn Jahre nach Gustavs Tod stürzte Jakob mit dem Fahrrad. Ein eiskalter Wind hatte die schmale Straße, die zum Haus hinunterführte, mit einer dünnen Reifschicht überzogen. Die Mutter sah ihn auf das Haus zukommen, sah ihn stürzen und sah, wie er regungslos liegen blieb.

Die Verletzungen selbst waren wohl nicht so arg. Der Sturz aber schien ihm den Lebenswillen genommen zu haben.

Am dritten Adventssonntag besuchte ihn Elsi zum letzten Mal. Eine Lungenentzündung quälte und schwächte seinen Leib, ließ das Fieber steigen und den Tod immer näher kommen.

Als Elsi ihren Sohn verließ, den sie in über sechzig Jahren nur ganz selten einmal für eine kurze Zeit aus ihrer mütterlichen Obhut hatte entlassen können, wusste sie, dass sie beide für eine Weile voneinander getrennt werden würden.

Drei Tage vor der Weihnacht begleiteten sie Jakob auf seinem letzten irdischen Weg. Und als die Trauergäste anschließend noch beieinander saßen, zeigte Elsis Gesicht zwar einen würdigen Ernst, darüber hinaus aber auch eine heitere Gelassenheit. Sie blickte still in der Runde umher und schien doch in Gedanken auf weiter Reise zu sein, von der fernen Vergangenheit bis in die baldige Zukunft.

Angela aber hatte einen Freund verloren. Sie versuchte sich bei Elsi zu trösten. Sie schmiegte sich an sie und wollte ihr etwas zuflüstern. Aber ihre Stimme blieb stumm.

Endlich drangen die Worte hervor, viel lauter, als sie es wollte: „Oma, jetzt hast du schon Weihnachten!"

Die, die ihre Worte verstanden, schwiegen bewegt, die sie nicht verstanden, schwiegen auch, wagten aber nicht zu fragen. Elsi aber lächelte, schloss die Augen und drückte Angela an sich.

In den nächsten Wochen und Monaten machte Elsi noch weniger Aufhebens von sich. Nur das Mittagsgebet sprach sie noch laut vor.

Dann schlich sie sich hinweg aus dem Leben der anderen. Eines Morgens hatte sie sich auf den Weg gemacht.

Elsi wurde fast 92 Jahre.

Rorate

Tau des Himmels,
wunderbar verborgen,
unsichtbar dem Auge dieser Zeit.

Du lässt dich fallen
aus des Windes Hauch
und küsst der Erde kühle Haut.

Erweckst die Sinne,
öffnest unser Herz
und lässt dich ein
auf menschliches Verlangen.

Schenke Leben
uns
und Lieb
und Güte
und den Frieden,
kleines Kind
und großer Herr!

Die Steinkrippe

Immer am dritten Sonntag im Advent kam der große Augenblick für unseren Großvater. Wie hatte er sich danach gesehnt, endlich wieder gebraucht zu werden. Dieses nutzlose Herumhängen, wie er es nannte, war ihm ein Gräuel. Ja, das Jahr über konnte er sich nützlich machen im Garten und um das Haus herum. Aber an den dunkeln, kalten Wintertagen, wenn er ans Haus gebunden war, war er nicht zu genießen. Meist saß er am Fenster, starrte hinaus und paffte dabei eine Pfeife nach der anderen und erzeugte dichte Qualmwolken aus selbstgezogenem Tabak. Kam jemand in seine Stube, so war der Großvater in dem grauen Nebelmeer kaum zu entdecken. Rief man ihn an, so grummelte er etwas daher von „Sauwetter“ oder „Mistkälte“.

Nun aber, so wenige Tage vor dem wichtigen Ereignis, hielt es ihn nicht mehr auf seinem Platz am Fenster. Ruhelos wanderte er in der Stube umher und war ungenießbar. Endlich wurden am Adventskranz drei Kerzen angezündet und nun konnte er keine Minute mehr warten. Plötzlich stand er in der Küche, und jeder wusste Bescheid: Jetzt musste die große Steinkrippe aus dem Keller geholt werden.

Großvater hatte ja die Eigenart, dass das, was er sich gerade in den Kopf gesetzt hatte, im selben Augenblick auch in Arbeit genommen werden musste. Ja, eigentlich musste es schon fertig sein!

Großvater hatte eben keine Geduld.

Und da er schon sehr gebrechlich war, mussten wir alle, die wir um ihn herum waren, zur passenden und unpassenden Zeit seine Wünsche erfüllen. Das war gar nicht so einfach, denn manchmal konnte man seine Wünsche kaum ahnen, da er sich nur in ruppig hervorgebrachten Andeutungen erließ.

Wehe dem Unglücksraben, der einmal falsch ahnte! Ein ziemliches Donnerwetter mit einem immer wieder aufrollenden Nachgrollen war ihm gewiss.

Was den Krippenbau betraf, so war das ein äußerst schwieriges Geschäft. Denn zunächst einmal musste das ganze Wohnzimmer aus- und umgeräumt werden, damit der große Tisch auch in der Krippenecke seinen Platz finden konnte. Nur das Klavier durfte bleiben und ein paar Stühle und der Wohnzimmertisch, denn wo hätte sonst das Christkind seine Gaben hinlegen sollen.

Vater musste die Tischfläche mit einem Stück grünem Linoleum abdecken. Dieses Linoleum war gleichzeitig der Schutz für die Tischfläche und die grüne Wiese, auf der die Schafe und manch anderes Getier grasen sollten.

Nun musste der Vater die Steine für die Grotte aus dem Keller schleppen. Es waren schwere Brocken darunter, die er kaum zu heben vermochte, aber auch allerlei kleinere Steine, insgesamt aber alles recht wunderliche Gebilde mit vielen Löchern und kleinen Höhlen.

Die großen Steine wurden dann auf Anweisung des Großvaters zu einer Krippenlandschaft zusammengebaut. In der Mitte entstand eine große Höhle, eine Grotte, in die man hineinsehen konnte und die nun für einige Wochen neben den Schafen, dem Ochsen und dem Esel auch die Heilige Familie beherbergen sollte. Auf der Rückseite der Grotte war ein rot verglastes Fensterloch, durch das von hinten ein warmes Licht in den Stall fiel. Ein weiteres Licht hing von der Decke der Grotte herab, eine kleine Laterne, die der Maria bei ihrem wichtigen Tun für den kleinen Jesus leuchten durfte.

Waren die größten Gesteinsbrocken erst einmal gesetzt, so mussten alle das Wohnzimmer verlassen. Großvater wollte jetzt alleine sein. Nur ich durfte dem weiteren Werden des Wunderwerks zuschauen, unter der Bedingung, dass ich schweigen würde.

Stundenlang war er nun mit seiner Krippe beschäftigt. Er passte Stein auf Stein, verwarf seinen Plan, baute wieder ab und wieder auf, bis er schließlich dann doch den Rohbau fertig gestellt hatte. Schließlich stopfte er die Zwischenräume mit trockenem Moos aus dem Vorjahr aus.

Wenn er nun daran ging, die meist arg lädierten Krippenfiguren aus bemalter Presspappe wieder instand zu setzen, so ging dies selten ohne ein gewaltiges Fluchen und Schimpfen ab. Es war für ihn ja auch sehr schwierig, mit sein dicken Fingern die gebrechlichen Beine der Schafe aus verleimten Streichhölzern zu erneuern oder die Ohren des Esels an der richtigen Stelle wieder einzuleimen oder auch den Schwanz, den er nach einiger Zeit des Suchens

auf dem Grund im Müll der Krippenkiste entdeckte. Als dann aber auch noch ein verloren gegangenes Horn des Ochsen nicht wieder auffindbar war, war Großvaters Laune kaum noch zu ertragen. Er war so voll innerer Unruhe, dass er gar nichts mehr zustande brachte und den Krippenberg mit seiner Pfeife in ein gewaltiges Nebelmeer eintauchte.

Er schimpfte auf den Ochsen, auf das Horn, auf die gesamte Heilige Familie. Als er dann auch noch Gott Vater mit einem Fluch bedachte, packte mich die Mutter an den Armen und zog mich hinweg von diesem unheilvollen Ort.

„Das Fluchen“, so meinte sie, „brauchst du von Opa nicht zu lernen. Und außerdem ist es gar zu ungesund, sich in dem Qualm aufzuhalten.“

Opa musste also alleine sein Werk vollenden. Da die Mutter aber sah, wie Opa sich mit der Reparatur der Schäfchenbeine herumquälte, konnte sie nicht anders, sie musste ihm helfen, die Kranken wieder gesund zu machen, zumindest die gebrochenen Beinchen zu schienen, damit den Humpelnden der Weg zur Krippe etwas leichter fallen würde.

Endlich war der Krippenberg fertig und ich durfte für kurze Zeit wieder in das Weihnachtszimmer, um das Wunderwerk zu bestaunen.

Ja, ich konnte wirklich nur staunen, denn außer der Heiligen Familie in ihrer Grottenherberge waren da noch die Hirten, die von allen Seiten zum Stall eilten. Da waren die vielen Schafe auf dem frischen Moos, das der Vater noch aus dem Wald besorgt hatte, eine Menge Volk, und ganz hinten in der Ecke, da warteten schon die heiligen drei Könige mit dem Kamel auf ihr Erscheinen. Aber sie hatten ja noch eine Weile Zeit, der Heiland war ja noch nicht einmal geboren.

In der Mitte der Krippenlandschaft breitete sich ein silberner See aus einer Glasplatte aus, unter der zerknittertes Silberpapier hindurch schien. Auf dem Bootssteg, der weit in den See hinausführte, saß eine Mannsgestalt und angelte. Die Mutter meinte nur, es sei wohl einer von den Menschen, deren Herz sich nicht durch das Wunder der Geburt im Stall bewegen lässt, deren Herz sich nicht öffnen lässt, um die Hoffnung spüren zu können, die aus jungem Leben kommt.

Man sagt ja, dass bei der Geburt auch die Tiere vertreten waren. Außer den Schafen waren da noch der Ochs und der Esel, die mit ihren Leibern und ihrem Atem die Höhle ein wenig erwärmten und es so für die Heilige Familie ein wenig angenehmer machten.

In der Krippenlandschaft meines Großvaters aber waren noch viel mehr Tiere, die herbeikamen, um das Wunder zu schauen. Aus den Wohnungen der Menschen kamen Hund und Katze, auf dem See machten sich gerade die Gänse bereit, um im Gänsemarsch zur Krippe zu eilen, und aus den Wäldern und Höhlen der Umgebung trauten sich die Rehe, Hasen und Füchse und auch ein Wildschwein hervor. Und oben vom Felsen blickte ein Steinbock auf das Geschehen in der Krippe.

Es war wohl schon so, dass die Tiere spürten, dass das Wunder der Geburt des göttlichen Kindes die Menschen etwas sanfter, gütiger gemacht hatte. Aber es war ja leider nur für eine kurze Weile.

Ich jedenfalls kam beim Anblick des ganzen Zaubers aus dem Staunen nicht mehr heraus, bis schließlich die Mutter mich doch etwas unsanft aus den Träumen riss und uns alle, auch den Großvater, aus dem Krippenzimmer verbannte.

Sie war recht wenig von dem Krippenwunder angetan, musste sie doch nun den gesamten Bauschutt, der mittlerweile im ganzen Wohnzimmer verbreitet lag, beiseite schaffen und der Wohnzimmereinrichtung ihre natürlich Farbe wiedergeben, denn, ich übertreibe gewiss nicht, der Staub lag fingerdick.

Fedor

Heute ist der 22. Dezember.

Fedor ist tot.

Armer Kerl, sagen die einen.

Ein Verbrecher weniger, sagen die anderen.

Wieder andere freuen sich. Da ist ein Platz frei geworden im Tunnel der Fernheizung in Kaliningrad, ein Schlafplatz für die kalte Nacht.

Für viele gehörte Fedor zum Ungeziefer.

Und Ungeziefer sollte man...

Aber Fedor war doch ein Mensch! Ein kleiner Junge!

Einer zuviel, sagte jemand.

Fedor wurde am 24. Dezember geboren, nicht in einem Krankenhaus, auch nicht in einer Grotte oder einem Stall wie der kleine Jesus.

In einer Baracke am Rande der Stadt kam er zur Welt.

Kalt war es in Kaliningrad, viel kälter als bei uns.

Die Wände der Baracke sind dünn. Im Schlafraum glitzern die Eiskristalle an den Wänden.

Auch in der Küche ist es noch so kalt, dass man sich dick anziehen muss.

In der Küche wohnen außer Fedors Eltern noch vier Geschwister.

In dieser Küche kam Fedor zur Welt.

Als die Wehen kamen, scheuchte der Vater die Kinder nach draußen. Niemand weiß, wohin sie gegangen sind.

Dann setzte er sich neben seine Frau und trank Schnaps aus der Flasche. Dann gab er seiner Frau davon.

„Trink!“, sagte der Mann, „dann ist dir nicht kalt und du spürst die Wehen nicht so.“

Und die Mutter gehorchte.

Später kam dann die Frau, so eine Art Hebamme.

Sie kommt fast immer, wenn ein Kind aus dem Bauch der Mutter in die Unwirtlichkeit der Baracken hinaus muss.

Der Vater torkelte nach draußen.

Die Frauen tranken Schnaps. Was blieb ihnen anderes übrig.

Man kann dass sonst alles nicht ertragen.

In der Baracke wird das Ungeziefer ausgebrütet, so sagen manche Leute.

Viel zu viel, schimpfen sie.

Auch Fedor wurde ausgebrütet.

Dorothea hat mir davon erzählt. Sie hat Fedor gekannt.

Vor zwei Jahren traf sie ihn auf der Straße.

Er lebte nicht mehr in der Baracke. Die Prügel waren zu arg gewesen.

Tagsüber bettelte er. Jetzt hatte er mehr zu essen als damals in der Baracke.

Am Abend schob er den Deckel in der Straße ein wenig beiseite und stieg in den Schacht hinab, in den Tunnel der Fernheizung.

Dort war es nicht so kalt. Nur die Ratten störten.

Dorothea überredete ihn mitzukommen. Sie hatte Wohncontainer organisiert. Fedor ging mit.

Aber er konnte das Schnüffeln nicht lassen. Acetondämpfe betäubten ihn. Und wenn er beduselt war, spürte er sich selbst nicht mehr so sehr. Er fühlte nicht, dass er alleine war, ohne Zuhause. Er fühlte dann nicht, dass ihn niemand liebte.

Aber die Dämpfe zerstören das Gehirn.

Warum ist er auch in das Boot gestiegen? Dorothea weiß es nicht.

Dorothea ist oft bei den Tunnelkindern.

Vorgestern kam sie wieder nach Hause. Sie wohnt in Süddeutschland.

Ich habe heute mit ihr telefoniert.

Sie hat mir erzählt: „Fedor ist tot! Ertrunken!“

Und ich habe geweint.

Und wenn die Adventszeit kommt und es auf die Weihnacht zugeht, muss ich noch oft an Fedor denken, der am 24. Dezember geboren wurde und kurz vor der Weihnacht starb, weil ihm die Liebe fehlte.

Ein letztes Mal

Evi hockte vor der Fensterscheibe und drückte ihre Nase dagegen, sodass sie ganz platt und kalt wurde. Endlich hatte es geschneit. Sie blickte den sanft fallenden Flocken nach, wie sie langsam zur Erde sanken und beim Nachbarn gegenüber die braune Buchenhecke mit weißem Flaum bedeckten.

Unter der dicker werdenden weißen Watte auf der Fichte im Vorgarten blinkten die kleinen elektrischen Lichter hervor. Sie funkelten wie Kristalle, nur wärmer, milder.

Immer dichter fielen die Flocken; sie färbten die dunkle Straße weiß und deckten allen Unrat mit einem weißen Mantel zu.

Dann tauchen zwei blitzende Augen auf! Ein Auto fährt vorüber. Es zerstört die weiße Unberührtheit und lässt zwei hässliche Spuren zurück.

Evi weint.

Tränen fallen auf das Fensterbrett. Die Nase läuft. Ihre Hände versuchen die Spuren wegzuwischen. Vergeblich.

Heute war der letzte Schultag, der allerletzte.

Als sie heim kam, schälte sie Kartoffeln. Das tat sie so gern.

Heute zum letzten Mal.

Am Nachmittag war sie auf Michaels Geburtstag. Als sie wieder nach Hause kam, waren die Sachen schon gepackt.

Sie saß auf Mutters Schoß. Das letzte Mal. Sechs Jahre lang hatte sie jeden Tag darauf gesessen.

Mit dem Vater zusammen hatte die Mutter jeden Abend mit ihr gebetet, ein Abendlied gesungen, den Gute - Nacht - Kuss gegeben. Sechs Jahre lang. Und ab heute nie mehr.

Die Mutter tritt ins dämmrige Zimmer. Sie drücken sich aneinander und weinen.

Der Schnee draußen hat die beiden hässlichen Spuren wieder

zugeweht. Die Dunkelheit zündet die Laternen an. In ihrem Licht fällt der Schnee. Er macht alles hell.

„Eigentlich schön", denkt die Mutter, „aber es ist so kalt da draußen. Es wird immer kälter. An der Laterne hängen schon kleine Eiszapfen. Und morgen ist die Weihnacht. Heiliger Abend. Ohne Evi."

Wieder rinnen die Tränen. Sie versucht sich abzulenken. Sie will es Evi nicht so schwer machen.

Da kommt wieder ein Auto. Die hässlichen Spuren enden vor dem Haus.

„Wir müssen hinuntergehen", flüstert die Mutter.

„Nein!" Evi schluchzt auf. Sie drückt sich an die Mutter.

„Ich will bei dir bleiben."

„Komm, deine Mutter wartet!"

„Du bist meine Mutter!"

Dann gehen die beiden doch hinunter.

Der Vater räumt die Sachen in das Auto. Er versucht sein Gesicht zu verbergen.

Evi ist jetzt ganz still. Sie schmiegt sich an die Mutter. Noch ein letztes Mal.

Dann greift eine Hand nach ihr, zieht sie ins Auto und schnallt sie fest.

Die Hände der Mutter sind leer.

Nur die Augen können sich noch schauen.

Doch es ist dunkel.

Das ist gut so.

Die Rücklichter des Autos entschwinden in der Dunkelheit.

Langsam gehen sie ins Haus zurück.

Sechs Jahre lang waren sie für Evi Mutter und Vater.

Die Mutter drückt sich an seine Brust.

Sie weinen.

Und Evi?

DER HEIMWEG

Das nun schon über vier Wochen ertönende Gedröhn hatte nichts von seiner Aufdringlichkeit eingebüßt. Und wenn es doch manchmal so schien, so lag dies gewiss nur an der Tatsache, dass die ständige Berieselung vom Autolärm übertönt wurde, oder daran, dass ihn das Schicksal der ihm anvertrauten Menschen allzu sehr gefangen nahm, Raum und Zeit ausfüllte. Es hätte wohl kaum zu einer Abgestumpftheit führen können, denn seine Sinne und seine empfindsame Seele fanden keinen Weg, dem penetranten Gedudel zu entrinnen oder es ertragen zu können. Hunderte, ja Tausende Male war das Kindelein auf dem Weihnachtsmarkt geboren worden und genauso oft hatten die Menschen von dem holden Knaben im lockigen Haar entzückt zu sein.

Jeden Tag musste er zweimal über den Weihnachtsmarkt, morgens, wenn er auf dem Weg zur Arbeit war, und abends, wenn er von seinem Schreibtisch zum Auto eilte. Er mochte die Lieder zur Weihnacht ganz besonders und deshalb schmerzte ihn der sinnlose Missbrauch dieser Weisen. Es war schon ein Glück, dass die Buden am Morgen noch schliefen und die Lautsprecher ihre Mäuler verschlossen hielten und schwiegen.

Am Abend hätte er fast als Blinder den rechten Weg finden können. Seine Ohren beschickten ihn mit den Stimmen der Ausrufer und seine Nase erzählte ihm von mancherlei Gerüchen, sodass er seinen Weg beinahe hätte „erriechen“ können. Erst zog ihm der Glühweindunst in die Nase, dann war es der Geruch der Bratwürste, der ihm nicht selten ein übles Gefühl in der Magengegend erzeugte, vorbei ging sein Weg am Verkaufswagen der Bäckerei, an der Frau mit den heißen Maronen, dem Reibekuchenfett und schließlich an der Bude mit den Bonbons. Dort roch es nach Eukalyptus, Menthol, Anis, Pfefferminz und Lakritze. Etwas weiter entfernt hatte ein leiser Wind, der für gewöhnlich um die Kirche wehte, die einzelnen Gerüche zu einer seltsamen Mischung vermengt, die Kleider und Nase eroberte, um sich dort festzusetzen und nicht mehr verscheuchen zu lassen.

Lange war es nicht mehr geschehen. Er konnte sich nicht mehr daran erinnern. Aber heute lenkten ihn seine Schritte auf das Portal der Kirche zu und dann war er froh, dass sich die Kirchentür hinter ihm schloss. Er hörte nur noch wie ganz weit entfernt das Getön aus den Lautsprechern.

In der Kirche war es dämmrig und zu kühl, ja zu kalt, um sich länger dort aufhalten zu können. Trotzdem setzte er sich in die letzte Bank und kroch in sich hinein, in sich und den warmen Mantel.

Auch in seinem Büro hatte er heute gefroren. Für viele Menschen würde es auch in diesem Jahr wieder ein trauriges Weihnachtsfest geben.

Vorne am Altar glomm ein winziges rotes Licht.

„Nur ein solch kleines Licht ist übrig geblieben vom Stern der Verheißung und von dem Licht der Liebe, die das göttliche Kind in der Zeit seines Lebens ausstrahlte", ging es ihm durch den Kopf. Und genauso schien der eigentliche Sinn des Weihnachtsfestes auf den Augenblick reduziert zu sein, wenn der Pfarrer die Worte der Heiligen Schrift verlas, die den Menschen von der Geburt des Kindes erzählten in jener geweihten Nacht. Doch wer vermochte schon zu ergründen, ob diese Worte überhaupt noch die Tiefe des Menschen erreichten oder an der glatten Haut abglitten und verwehten.

Schon das Wort „Weihnachten" erschien ihm fremd, geradezu als ein Unwort, als ein künstliches Sprachgebilde, entstanden ohne Gefühl für die Sprache, ohne ein Gefühl für die Wichtigkeit und den Sinn dieses Geburtstages. Durch zwei Buchstaben, die irgendwann einmal hinzugefügt worden waren, hatten sich das Wort und seine Bedeutung aus der Nähe der menschlichen Herzen entfernt. Er fühlte immer klarer, das Wort „Weihnachten" war ein Missgebilde, dessen sich die Wirtschaft und der Mensch in seiner Oberflächlichkeit bedienten. Alle Welt sprach von Weihnachten und vergaß die Weihnacht, die geweihte Nacht.

Und doch, führt nicht alles menschliche Denken und Fühlen irgendwann zurück zu einer Sehnsucht nach dem Ursprünglichen, das von der Liebe geprägt ist?

Johannes wusste, ja spürte bis tief in sein Inneres, wie sehr die Menschen nach dieser Liebe verlangten, wie sehr seine Lieben daheim, aber ganz besonders die kranken Seelen, die ihm von Amts wegen anvertraut waren, diese Liebe als Lebensnahrung benötigten. Denn diese Nahrung ließ sie erst zu Menschen wachsen, die ihren Eigenwert entwickeln konnten. Und Menschen, in denen dieser Eigenwert nicht zur Blüte kam und Frucht bringen konnte, verkümmerten in ihrem Herzen, wurden sich selbst fremd. Dieses Gefühl der Fremdheit aber war geboren aus der verletzten Seele. Sie füllte sich mit Bitterkeit, begann sich zu wehren, drohte dabei zu zerstören, sich selbst oder die anderen.

Johannes begegnete diesen kranken Seelen Tag für Tag. Er versuchte sie auszuhalten, anzuhören, ihnen mit seinen bescheidenen Mitteln zu helfen. Meist waren es ja nur Äußerlichkeiten, mit denen er ihre Not zu lindern suchte. Und dann stopften sie ihre Mäuler mit so mancher Errungenschaft der Zivilisation, aber ihr Herz blieb leer. Er wusste das und er litt darunter. Aber mehr konnte er nicht geben, vielleicht noch das Gefühl vermitteln, dass er in ihnen einen Wert erkenne, zeigen, dass er hinter dem Namen noch den Menschen sehe und achte.

Er erschrak. Die Gedanken zerrissen. Er fühlte, da war noch jemand in der Kirche, einer, der nicht gesehen werden wollte.

In der Kirche war es noch dämmriger geworden. Er trat aus der Bank, schaute zu den Säulen hinüber, ging einige Schritte durch das Mittelschiff. Ein heller Fleck verschwand hinter einer Säule.

Das Gesicht eines Menschen.

Sein Herz klopfte. Er fühlte Angst. Angst vor einem Angriff, Angst, etwas falsch zu machen, Angst, überfordert zu sein. Er zögerte eine Weile, dann ging er doch.

Dann stand er neben dem Gesicht. Es war verschwunden, un-

sichtbar. Der Körper war an der Säule hinabgeglitten. Der Kopf schien auf den angezogenen Knien zu liegen.

Er kannte die zusammengebundenen Haare. Vor zwei Monaten war sie von zu Hause weg. Sie konnte es nicht mehr ertragen, die Mutter mit dem fremden Mann, die Schule mit dem nervigen Abi.

Sie war einfach gegangen. Sie hatte die Mutter angerufen und gesagt, dass sie nicht mehr nach Hause komme. Dann hatte sie aufgelegt, sie wollte die Stimme der Mutter nicht hören.

Die Mutter hatte ihn um Hilfe gebeten. Johannes kannte die Familie schon lange. Aber Kathrin war volljährig.

Er ging in die Knie und hockte eine Weile neben ihr.

„Kathrin“, sagte er leise.

Der müde Leib blieb stumm.

Die Kälte kroch vom Boden hoch. Er stand auf und setzte sich neben ihr in die Bank. Er schwieg. Nach einer Weile blickte das müde Gesicht zu ihm herüber. Die Augen konnten sich nicht begegnen. Die Dämmerung war gewachsen. Aber sie wussten, dass sie einander ansahen.

Dann stand er wieder neben ihr. „Man müsste so viel Zeit haben!“, dachte er.

„Kathrin“, sagte er leise.

Der Leib blieb ohne Kraft.

Der Kopf sank auf die Knie.

Er beugte sich zu ihr hinab.

„Komm!“, sagte er leise, „die Mutter ist wieder allein.“

Er löste die Hände voneinander. Sie ließ es geschehen.

Als sie vor der Kirche standen, fiel das Licht aus einer der Verkaufsbuden auf die beiden.

„Hast du Hunger?“, fragte er.

Sie schüttelte den Kopf. Sie weinte.

Auf der Autofahrt schwiegen beide. Er fragte nicht. Sie weinte und wischte die Tränen mit dem Jackenärmel ab. Er reichte ihr die Taschentücher.

Vor der Haustür hielten sie an. Er klingelte kurz.

Die Tür öffnete sich. Die Mutter stürzte mit unterdrücktem Schrei auf sie zu. Er wehrte sie ab.

Kathrin sah an der Mutter vorbei, ging durch den Flur, die Treppe hoch.

„Es ist besser, wenn sie schweigen!“, sagte er ruhig. „Der Weg nach Hause ist oft sehr schwer!“

„Aber…“, sagte die Mutter.

Er legte den Finger auf seinen Mund: „Worte können zerstören! Im Schweigen findet die Liebe oft leichter den Weg zu den Menschen.“

„Eine gesegnete Weihnacht!“, sagte er und lächelte und reichte ihr die Hand.

„Da bist du ja endlich! Ich habe mir schon Sorgen um dich gemacht!“, sagte seine Frau erleichtert, aber auch ein bisschen vorwurfsvoll.

„Ich weiß“, sagte er, „aber auf dem Heimweg kam etwas dazwischen.“ Dann redete er nicht mehr weiter.

„Und was?“, wollte seine Frau wissen.

„Verzeih!“, sagte er. Dabei blickte er in ihr Gesicht, nahm sie in seine Arme und drückte sie an sich.

Sie spürte, wie ein leises Schluchzen durch seinen Körper ging, und dann sah sie sein nasses Gesicht.

„Die Wege zur Weihnacht sind oft so voller Rätsel und Geheimnisse“, sagte er, „aber es ist schon ein wunderbares Glück, wenn man noch etwas von der Liebe spürt. Vielleicht gibt es doch einen Hauch göttlicher Gnade.“

Und dann erzählte er die Geschichte.

DER WEIHNACHTSSTERN

Ein Stern gehet auf
nach der Schöpfung Gebot
und zieht seine Bahn.
Vertrau ihm, hab Mut!

Er weist dir den Weg
aus dem Irrtum der Zeit
und leuchtet so hell
in die dunkle Welt.

Der Stern spricht zu dir.
So öffne dein Ohr!
Er gehet voran.
Ja, folge ihm nur!

Dann bleibet er stehn;
jetzt ist er am Ziel.
Er zeiget dir Leben,
er zeigt dir ein Kind.

Das Kind kündet Freude
den Menschen der Erd
und schenkt denen Frieden,
die guten Willens sind.

Schmuck für den Christbaum

Es ist fast so wie mit dem Schnee, den die Menschen zur Weihnacht herbeisehnen und der ihnen nicht die rechte Stimmung bringt, weil er eben gar nicht kommt. Statt dessen lassen sie sich vom lauen, oft stürmischen Wetter und dem grau verhangenen Himmel, aus dem immer wieder stechender Regen fast waagerecht herunterjagt, die gute Laune verderben.

Aber eigentlich ist es doch nicht die gute Laune, die verflogen ist oder gar nicht erst aufkommt. Es ist viel mehr. Es ist die fehlende Erfüllung der Sehnsucht nach der stillen heiligen Nacht. Sie hat sich am Ende der Kindheit aus den Herzen der Menschen davongeschlichen.

Nun auch ich spürte damals schmerzlich, dass da etwas entschwand, das ich im Stillen zwar vermisste, nach außen hin aber nicht zeigen mochte. Es muss so in meinem zwölften Lebensjahr gewesen sein, als sich das Geheimnisvolle der Weihnacht gänzlich aufzulösen schien und einer schmerzlichen Nüchternheit, einer hoffnungslosen Leere Platz zu machen drohte. Ich suchte verzweifelt nach einer Möglichkeit, diese Leere zu füllen.

Und dann verfällt man zum Leidwesen der anderen in ein merkwürdiges Tätigsein.

Da ist man noch jung und glaubt, etwas Neues schaffen zu müssen, etwas zu verändern, den Staub des Althergebrachten endlich wegzublasen.

Dieses Tätigsein vermag wohl die eigene innere Unausgeglichenheit ein wenig zu besänftigen, für die anderen in der Familie ist ein solcher Unruhestifter eher lästig. Er ist gar ein Störenfried!

Endlich hat man sich durchgesetzt. Alle haben einsehen müssen, dass der übliche Christbaumschmuck nicht mehr zeitgemäß ist.

Was sind schon die gläsernen, silbrig glänzenden Christbaumkugeln? Die meisten sind sowieso lädiert und voller Wachsflecken. Unansehnliche Gebilde!

Noch unbrauchbarer sind das Lametta, das Mutter über viele Jahre hinweg immer wieder glatt zu bügeln versucht hat, oder die Silbervögelchen, denen Schwanz oder Auge fehlen oder denen der Schnabel abgebrochen ist.

Dies alles muss in diesem Jahr im Dunkel der Weihnachtskiste die Zeit der Lichtwerdung verbringen, darf dem Neuen, dem selbstverständlich viel Schöneren, den Platz nicht streitig machen.

In meinem Kopf summte und brummte es vor immer lebendiger werdenden Ideen, aber ich konnte mich zu nichts entschließen, zumal ich bald einsehen musste, dass ohne Geld der Verwirklichung meiner Ideen sehr enge Grenzen gesetzt waren. Es war schon ein Glück, dass mir damals zu Ohren kam, dass moderne Leute nur natürliches Zeug in den Baum hängten: Sterne aus Stroh oder rotbackige Äpfel, Mandarinen (Aber nur die Reichen!), Kiefern- und Fichtenzapfen oder Nüsse.

Also zog ich am nächsten Tag los, geeignetes Stroh für meine Strohsterne zu suchen. Das dürfte gewiss nicht schwierig sein! Stroh gab es doch überall! Ich musste nur mit meinem Fahrrad die Bauernhöfe abfahren.

Doch bald stellte ich enttäuscht fest: Die Auswahl war nicht gerade groß. Es gab nur noch zwei Bauernhöfe in der Vorstadt. Der erste hatte überhaupt kein Stroh, so sagte jedenfalls der Bauer, und im zweiten war man höchst verwundert über mein Ansinnen.

Die Bäuerin nahm schließlich etwas unwirsch meine Tasche und verschwand.

Nach einer Weile kam sie zurück mit meiner inzwischen dickbäuchigen Tasche, drückte sie mir mit einem „Viel Erfolg!“ in die Hand und hatte dann augenscheinlich Wichtigeres zu tun. Sie ließ mich stehen, sodass ich mich noch nicht einmal bedanken konnte.

Wie ein Dieb schlich ich davon.

Daheim musste ich dann allerdings feststellen, dass das Stroh höchstens - ganz klein geschnitten - als Einstreu für die Krippe taugte, sich aber nicht zu einem strahlenden Stern verarbeiten ließ.

Ich musste also die Strohhalme zum Basteln kaufen.

Taschengeld konnte ich damals von meinen Eltern nicht erwarten, also musste ich auf Großmutters sonntäglichen Besuch hoffen. Eine Mark Sonntagsgeld würde wohl schon für ein Päckchen Strohhalme reichen.

Ein Unerfahrener machte sich also nach dem nächsten Wochenende daran, aus Strohhalmen, Vaters Klebstoff und Mutters Nähgarn die Sterne über Bethlehem aufleuchten zu lassen.

Doch je länger ich bei der Arbeit war, umso mehr bezweifelte ich, dass ein gewöhnlicher Mensch in der Lage sein könnte, solche Wundergebilde zustande zu bringen.

Meine Finger waren nämlich bald in ein Gewirr von Leimfäden verstrickt, in dem sich immer wieder neue Strohhalmstücke verwickelten, sodass es mir kaum gelang, dieses Fangnetz zu entwirren.

Wenn es dann schließlich doch gelungen war, die acht Strohhalme schön regelmäßig aufeinander zu legen, so bedurfte es nur einer kleinen unvorsichtigen Bewegung, sei es auch nur eines Fingers, und wie von unsichtbarer Macht bewegt zog ein Spinnfaden das mühsam Zusammengelegte wieder auseinander.

Es dauerte eine lange Zeit, bis ich begriff, dass nur eine unendliche Geduld einen Erfolg brachte. Schließlich wurden die oft nur durch einen Zufall entstandenen kleinen Wunderwerke mit einem Nähfaden stabilisiert und mit einem Aufhänger versehen.

Es merkte, Gott sei Dank, niemand in der Familie, dass mir einige Male die Tränen in den Augen standen, Tränen der Verzweiflung.

Nun, bei den Nüssen wollte ich es schon schlauer anfangen. Material war ja genug da. Im Herbst hatte ich mit meinem Bruder fleißig gesammelt.

Die schönsten und dicksten suchte ich aus dem Korb. Es war eine erkleckliche Zahl.

Nun galt es, sie so zu öffnen, dass die Schalen erhalten blieben, auch dann noch, wenn die Kerne herausgelöst wurden. Doch auch bei dieser höchst feinfühligen Arbeit fehlten mir Geschick und Geduld, sodass ich kaum Nussschalen produzierte, die unverletzt blieben.

Schließlich rutschte mir das Messer so unglücklich von der harten, glatten Nussschale ab, dass es plötzlich in meinem Handballen steckte.

Der Anblick der Blutspur, die ich vom Keller bis in die Küche hinterließ, und der meiner rot gefärbten Hände war für meine Mutter Grund genug, mir weitere Nussöffnungen zu verbieten.

Den Rest des Tages durfte ich mit der rechten Hand die verbundene linke pflegen.

Aber nicht nur wegen der Schmerzen konnte ich keine Ruhe finden.

Ziellos und voller Unrast wanderte ich im Haus umher und überlegte verzweifelt, wie ich mit meiner lädierten Hand die Christbaumschmuckproduktion zur Vollendung führen könnte.

Doch es geschehen auch in unserer aufgeklärten Zeit noch Zeichen und Wunder. Denn als ich am nächsten Tag das Schlachtfeld besuchte, war alles sorgfältig aufgeräumt und gewischt und in zwei langen Reihen lagen die Nussschalen, halbiert und wohl geordnet aufgereiht, auf dem Tisch.

Wer allerdings dieses Wunder vollbracht hatte, blieb ein Geheimnis.

Für mich blieb nur noch die leichte Aufgabe, die Hälften mitsamt einer Schlaufe aus einem Wollfaden zum Aufhängen zusammenzukleben.

Am letzten Sonntag vor dem Weihnachtsfest kam Großmutter wieder zu Besuch.

Das war allerdings auch notwendig, denn die Äpfel für den Christbaum mussten noch gekauft werden.

Und es gelang mir sogar, die Großmutter dazu zu bewegen, die Finanzmittel für ein Kilogramm kleiner roter Äpfel zur Verfügung zu stellen.

So kam denn der Heilige Abend heran.

Schon am Morgen hatte Vater den Baum in den Ständer gestellt, festgeschraubt und mit Kerzenhaltern und echten Kerzen versehen. Er bestand darauf, diese sehr gewissenhaft auszuführende Arbeit selbst zu erledigen.

Endlich konnte ich mit dem Schmücken beginnen.

Dies gelang mir auch vorzüglich. Zuerst fanden die Äpfel ihren Platz. Sie wurden an den Stielen mit Bindfäden etwas nach innen in den Baum gehängt, von wegen ihres Gewichtes. Dann verteilte ich die Nüsse und schließlich die Strohsterne an den Zweigen der Fichte.

Als ich den gesamten Baumschmuck verteilt hatte, betrachtete ich mein Werk. Doch die Freude über ein gelungenes Unterfangen wollte nicht aufkommen.

Im Gegenteil, ich war enttäuscht.

Mein schöner Weihnachtsbaum sah doch recht trostlos aus. Ich suchte nach dem Grund. Zu wenig Mühe und Arbeit konnten es gewiss nicht gewesen sein.

Schließlich fiel mir auf, dass man die Nüsse in dem Zweigengewirr kaum erkennen konnte.

Das war die Lösung! Die Nüsse müssten leuchten!

Aber wie sollte ich die Nüsse zum Leuchten bringen? Doch dann hatte ich die rettende Idee, die Nüsse mit silberner Farbe anzustreichen.

Ich stöberte im Keller in Vaters Werkzeugschrank zwischen den Farbresten umher und fand schließlich auch einen Rest der Silberbronze, mit der Vater vor einiger Zeit das Ofenrohr angestrichen hatte.

Es ging nun alles sehr geschwind. Und bald hingen silberne Nüsse an den grünen Fichtenzweigen. Zwar war die Farbe noch nicht vollständig getrocknet, aber die Nüsse am Baum brauchte ja niemand mehr zu berühren.

Meine Hände hatten seltsamerweise auch eine weihnachtliche Färbung angenommen, die auch nach mehrfachen Waschungen nicht verschwand, ja sich gar in ein hässliches Grau verwandelte. Erst nach den Weihnachtstagen lösten sich die letzten Farbreste von der Haut.

Mit meinem Werk war ich jetzt schon viel zufriedener und meine gehobene Stimmung bekam erst einen Dämpfer, als wir endlich zur Bescherung ins Weihnachtszimmer schritten.

Schon als sich die Tür öffnete, kam uns ein strenger Geruch entgegen, und als das Lied von der stillen, heiligen Nacht verklungen war, nahm mich der Vater in den Arm und meinte, heute besonders milde gestimmt, ob es nicht doch besser wäre, die Nüsse ein wenig an die Luft zu hängen, damit die Mutter von dem etwas strengen Geruch nicht Kopfschmerzen bekäme.

Dem musste ich wohl beipflichten. Es stank abscheulich!

Die Silberbronzenüsse sahen diesen Weihnachtsbaum nicht wieder, erst den im Jahr darauf.

Damit der Baum nicht ganz so trist aussah, kamen noch einmal einige Silberglöckchen und Silbervögelchen zu Ehren.

Wie schwierig es ist, einem Christbaum den rechten und würdigen Schmuck zu verleihen und dann auch noch die Zustimmung der Verwandtschaft zu erhalten, musste ich zwei Tage nach dem Weihnachtsfest erfahren.

Vater hatte die Kerzen noch einmal erneuert, und wir saßen zusammen mit Onkel und Tante vor dem Christbaum. Beider Gesichter zeigten, dass ihnen mein Wunderwerk nicht sonderlich gefiel.

Plötzlich ein greller Aufschrei!

Die Tante springt entsetzt auf: „Eine Maus!“

Etwas im Tannenbaum hat sich bewegt.

Jetzt springt es zwischen den Ästen hin und her, rumpelt gar ein wenig, tanzt die Äste hinunter und hüpft schließlich auf den Fußboden.

Ein leiser Aufprall! Dann ist Stille.

Ich tauche sofort in die Tiefe unter den Tannenbaum, um den Übeltäter zu fassen und das Leben der Tante vor einem möglichen Überfall zu schützen.

Meine Hände tasten im Dunkel unter dem stacheligen Astwerk. Trockene Fichtennadeln rieseln mir in die Haare und in den Nacken.

Endlich habe ich den Urheber allen Übels gefasst. Einer der roten Äpfel ist am Stiel angefault und hat sich gelöst.

Die Tante meint entrüstet und noch etwas bleich: „Mit Kugeln wäre das nicht passiert!“

Nun, auch heute noch schmücke ich am Morgen des Heiligen Abend den Weihnachtsbaum. Und es ist immer etwas Selbstgebasteltes dabei, ganz gewiss auch Strohsterne und Äpfel. Aber damit uns nicht wieder hinunterpolternde Früchte stören, habe ich mich für schöne rote, aber leider künstliche Äpfel entscheiden müssen.

So darf ich nun schon über fünfzig Jahre den Christbaum für das Fest der Geburt Jesu schmücken und die Krippe aufstellen, die uns immer wieder aufs Neue an die Geburt jenes Kindes erinnert, das ja die Hoffnung auf Frieden in die Welt gebracht hat.

Seltsamerweise hat mir bis heute niemand diese Vorbereitungen für das Weihnachtsfest streitig gemacht, auch nicht meine Kinder, als sie zwölf Jahre alt wurden.

Ehrlich gesagt, ich glaube, ich würde es auch nicht dulden. Vielleicht bin ich da ein bisschen selbstsüchtig.

Es ist wohl nicht mehr das Geheimnisvolle der Kindheit; aber es ist ein Gefühl der Geborgenheit und Zufriedenheit, nach dem ich mich sehne und das dann doch einmal aufleuchtet, wenn ein tröstendes Wort im Antlitz meines Nächsten ein erlösendes Lächeln hervorbringt oder wenn meine kleine Gabe vielleicht ein Herz erfreut, ganz sicher aber auch, wenn ich fern aller Hektik in aller Ruhe die Krippenfiguren, die Maria und ihren Josef ins weiche Moos des Stallbodens drücken darf, um dann einem von ihnen das Jesuskind in den Arm zu legen.

Und ich wünsche mir, dass auch heute noch überall auf der Erde liebende Eltern ihrem Kind Geborgenheit schenken, es die wohlige Wärme des Herzens und die feste Hand, auf die man vertrauen kann, spüren lassen und so letztlich auf den hinweisen, dem unsere Sehnsucht gilt und dem wir in Zeit und Ewigkeit Vertrauen schenken dürfen.

Aus der frohen Botschaft

In jenen Tagen erließ Kaiser Augustus
den Befehl,
alle Bewohner des Reiches in Steuerlisten
einzutragen.
Dies geschah zum ersten Mal; damals war Quirinius
Statthalter von Syrien.
Da ging jeder in seine Stadt, um sich eintragen zu
lassen.

Lukas, 2.1 - 3

Das Gebot des Kaisers Augustus

Es versprach ein leuchtend heller Tag zu werden. Aus der kühlen Morgenluft senkte sich der Tau auf die erwachende Welt. Der glühend rote Ball der Sonne tauchte aus dem Dunst des Bodennebels auf, stieg rasch hinauf in den wolkenlosen Himmel und bald saugten die wärmenden Strahlen das kühle Nass in sich auf und trugen es hinweg in die Weiten des Himmels. Das kleine Dorf Nazareth lag in einem freundlichen Licht.

Es war Sabbat, ein wundervoller Tag, wie geschaffen, um die Größe Gottes zu preisen und sich an den Wundern seiner Schöpfung zu erfreuen.

Doch je höher die Sonne stieg und je näher es auf Mittag zuging, umso mehr schlief der erfrischende kühle Wind ein, und in den Gassen staute sich die Hitze und drängte die Menschen in ihre kleinen, hell gestrichenen Häuser.

„Schade", dachte Maria, die junge Frau, „schade, dass es schon wieder so heiß ist" und trat in das dämmrige Licht der Stube. Hier war es angenehm kühl. Sie schöpfte mit einer Kelle frisches Wasser aus einem großen Krug, goss es in einen Becher und trank es. Sie fühlte, wie das kühle Wasser durch ihre Kehle rann. Das tat ihr gut!

Wenn sie nur nicht so müde wäre und sich so schlapp fühlte! Sie musste sich auf ihr Bett legen. Bald ging es ihr etwas besser.

Sie streichelte mit den Händen über ihren Bauch. Dann musste sie lächeln, denn sie fühlte, wie sich das Kind in ihrem Bauch bewegte. Es war ihr, als wenn es auf ihr Streicheln antworten würde. Ja, bald musste ihr Kind zur Welt kommen, es konnte nicht mehr lange dauern. Dann würden sie zu dritt hier wohnen.

Ihr Mann, der Josef, war heute Morgen zum Gebet in die Synagoge gegangen. Er musste bald nach Hause kommen. Sie sehnte sich so nach ihm.

Wie freute sie sich immer, wenn er abends von seiner Arbeit

nach Hause kam. Er roch dann oft nach Holz und Leim, denn er war von Beruf Tischler und Zimmermann.

Er war immer sehr fürsorglich und lieb zu ihr, besonders seitdem das Kind in ihrem Leib heranwuchs. Sie fühlte sich an seiner Seite beschützt und geborgen.

Während sie an ihren Josef dachte und die leisen Bewegungen in ihrem Bauch fühlte, waren ihr die Augen zugefallen.

Plötzlich schreckte sie auf. Draußen auf der Gasse war eine Unruhe entstanden, und dann hörte sie den Ausrufer. Sie lauschte, konnte aber nicht verstehen, was er rief.

Als sie vor das Haus trat, sah sie nur noch, wie der Ausrufer in Begleitung von vier römischen Soldaten an ihrem Haus vorbeiging. Wenig später hörte sie die Stimme des Ausrufers ein Stück weiter entfernt in einer anderen Gasse.

Maria ging ins Haus.

„Der wird gewiss nichts Gutes zu melden haben!“, dachte sie bei sich. Allzu oft in letzter Zeit hatte der Ausrufer die Befehle des Kaisers mitzuteilen. Der lebte weit weg von Nazareth in seinem Palast, hatte das Land mit seinen Soldaten besetzt und verlangte immer mehr Geld für den Krieg und sein ausschweifendes Leben in Rom.

Alle wussten und spürten es, aber keiner redete laut darüber: Die Römer waren verhasst in Nazareth. Aber nur wenige Juden trauten sich zu wehren, sich gegen die mächtige Besatzungsmacht zu stellen. Es war sinnlos; die Römer regierten das Land mit unbarmherziger Härte und Grausamkeit.

Da stürzte Josef zur Tür herein. Er war ganz aufgebracht.

„Jetzt schreit der Ausrufer auch schon am Sabbat die Befehle des Kaisers aus!“, schimpfte er. „Selbst am Sabbat nehmen die Römer keine Rücksicht auf uns. Jahwe will, dass am Sabbat alle Arbeit und unnütze Tätigkeit ruht.“

Maria wollte ihn beruhigen, aber er wehrte sie unwirsch ab. Er ließ sich auf einen Schemel fallen, stützte seine Arme mit den Ellenbogen auf den Tisch und schlug die Hände vor sein Gesicht. Eine lange Weile saß er so da und schwieg.

Maria trat an ihn heran, legte ihren Arm um seinen Hals und drückte sich an ihn.

„Was ist geschehen, Josef?“, fragte sie. „Warum bist du so niedergeschlagen?“

Schließlich nahm er die Hände von seinem Gesicht und wischte sich über die Augen. Maria sah, dass er weinte.

Josef schnaufte tief auf: „Wir müssen in den nächsten Tagen nach Bethlehem wandern.“

„Warum denn das?“, wollte Maria wissen.

„Der Kaiser will es so“, sagte er, „alle Männer müssen sich mit ihren Frauen in ihrem Geburtsort aufschreiben lassen. Da gibt es keine Ausnahme! Alle müssen sich melden, auch Alte und Kranke und auch Schwangere.

Es ist wegen der Steuern. Der Kaiser in Rom will, dass ihm keiner entgeht.“

Hier machte er eine Pause und wischte sich mit dem Ärmel über sein Gesicht. Dann stand er auf, nahm Maria in seine Arme, drückte sie an sich und streichelte ihr sanft über die Haare.

„Ich habe Angst, Maria“, sagte er leise, „Angst um dich! Du trägst ein Kind in deinem Bauch, und der Weg nach Bethlehem ist weit und so anstrengend bei der Gluthitze am Tag und der bitteren Kälte in der Nacht. Und außerdem werden die Wanderer oft von Räubern überfallen und ausgeraubt oder von wilden Tieren angegriffen. Und wo sollen wir schlafen? Für die Übernachtung in einem Gasthaus haben wir kein Geld.“

Josef war verzweifelt. „Und dabei habe ich hier in Nazareth so viel Arbeit. Und wenn ich weg bin von hier, verdiene ich nichts!“

Maria konnte ihn nicht trösten, ja, sie hatte selbst Sorge um ihr Kind. Josef gegenüber aber wollte sie sich tapfer zeigen.

Plötzlich hatte sie einen Einfall: „Du, Josef, wir könnten doch einen Esel mitnehmen, der unser Gepäck trägt. Dein Freund, der Simon, wird ihn uns gewiss leihen. Der ist doch in Nazareth geboren, der braucht nicht zu wandern.“

„Schon“, seufzte Josef, „aber der Weg nach Bethlehem ist weit. Wir werden gewiss zehn Tage unterwegs sein. Und was ist, wenn plötzlich bei dir die Wehen einsetzen und das Kind zur Welt kommen will?“

„Dann muss es eben kommen!“, sagte Maria ernst, „wir werden bestimmt eine Lösung finden.“

„Und dann müssen wir denselben Weg wieder zurück. Mit dem Kind!“, sagte Josef.

„Ich weiß“, sagte Maria, „es wird nicht leicht sein. Aber wir werden es schon schaffen. Du brauchst dir um mich keine Sorgen zu machen. Wir wollen auf Gott vertrauen, er wird uns helfen. Er wird uns gewiss immer einen Ausweg zeigen, wenn wir in Not geraten sollten.

Am besten, wir wandern schon übermorgen los. Morgen holst du den Esel und wir packen das Nötigste zusammen, und ganz früh am Morgen ziehen wir los. Dann ist die Luft noch kühl und frisch und das Wandern ist noch nicht so anstrengend.“

„Du hast Recht!“, meinte Josef, „uns bleibt keine andere Wahl.“

Aus der frohen Botschaft

So zog auch Josef von der Stadt Nazareth in Galiläa hinauf nach Judäa in die Stadt Davids, die Bethlehem heißt; denn er war aus dem Haus und Geschlecht Davids.

Er wollte sich eintragen lassen mit Maria, seiner Verlobten, die ein Kind erwartete.

Lukas, 2, 4 - 5

Auf dem Weg nach Bethlehem

Halt, Josef, ich kann nicht mehr!“, stöhnte Maria auf. Sie taumelte hinter dem Esel her. Im letzten Augenblick fand sie Halt an seinem Rücken. Beinahe wäre sie gestürzt. Sie griff mit den Händen in die Traggurte und hielt sich fest. Ihr Atem ging heftig. Der Esel hielt an. Sie legten den Kopf mit der Stirn auf den Rücken des Esels und schloss die Augen.

Josef eilte besorgt zu ihr. „Ich weiß, Maria, es ist so anstrengend für dich!“

Josef stellte sich so, dass sein Schatten auf seine geliebte Frau fiel.

„Aber hier in der brennenden Sonne können wir keine Rast machen“, sagte er. „Sieh, dort hinten bei den Felsen gibt es sicher etwas Schatten, in dem wir ausruhen können. Vielleicht finden wir dort sogar eine Wasserquelle.“

Nach einer Weile hob Maria den Kopf und lächelte: „Es geht schon wieder besser. Komm, gehen wir weiter!“

Mit der einen Hand führte Josef den Esel, auf den anderen Arm konnte sich Maria aufstützen. Es war nicht allzu weit bis zu den Felsen.

Dort lagerte in ihrem Schatten eine Schafherde. Die Hunde schlugen an und stürzten auf die beiden zu. Ein Pfiff rief sie zurück. Einige Hirten traten aus einer Höhle am Fuße des Felsens heraus und blickten die Ankömmlinge misstrauisch an.

„Was wollt ihr hier?“, rief Ruben, der älteste der Hirten, sie an. „Hier ist nichts zu holen. Wir haben selbst nichts. Schert euch zum Teufel!“

„Hört mich bitte an!“, rief Josef dem Hirten zu. „Wir wollen nichts von euch erbetteln, nur etwas frisches Wasser. Und dann möchten wir ein wenig im Schatten ausruhen.“

Josef war mit Maria und dem Esel langsam ein Stück näher gekommen.

„Meiner Frau geht es gar nicht gut; die sengende Hitze macht ihr sehr zu schaffen. Lasst uns hier ein wenig rasten!"

„Dann setzt euch dort drüben unter den Felsen! Dort ist es etwas kühler", sagte Ruben.

Der andere der Hirten, der Azor hieß, kam näher heran, besah sich die beiden Fremden und fragte: „Wo kommt ihr denn her und wo wollt ihr noch hin?"

„Ach", stöhnte Josef, „zu Hause sind wir in Nazareth. Wir sind schon neun Tage unterwegs und müssen noch nach Bethlehem. Es ist wegen der Steuerlisten des Kaisers in Rom. Wir müssen uns dort eintragen lassen."

„So, nach Bethlehem, das ist noch weit! Das schafft ihr heute nicht mehr", meinte der Hirt, „und besonders, da deine Frau schwanger ist."

„Aber in den nächsten Tagen soll das Kind zur Welt kommen", warf Josef ein, „und deshalb möchten wir so schnell wie möglich in Bethlehem sein."

„Bleibt hier!", brummte Ruben mit seiner tiefen Stimme. „Ich rate euch, bleibt hier! Am besten geht ihr morgen ganz in der Frühe weiter, dann seid ihr kurz nach Mittag in Bethlehem."

„Kommt mit!", sagte Azor und führte die beiden in eine Felsenhöhle. „Hier ist gewiss auch für euch noch Platz."

Erschöpft legte sich Maria auf ein Schaffell, das Azor ausgebreitet hatte.

„Ich bin so froh, dass wir den Weg zu euch gefunden haben", sagte Josef, „es ist so lieb von euch, dass ihr uns hier schlafen lasst. Auf dem Weg bis hierhin sind uns schon viele hartherzige Menschen begegnet. Jahwe wird euch gewiss für eure Gastfreundschaft belohnen."

Der Hirt Rufus brachte Maria noch ein Tongefäß mit frischem Wasser, das sie gierig austrank. Dann fielen ihr die Augen zu.

Am nächsten Morgen waren sie schon früh auf den Beinen, dankten den Hirten und wanderten in Richtung Bethlehem. Je höher die Sonne stieg, umso beschwerlicher wurde das Wandern. Doch als sie endlich in der Ferne die Häuser von Bethlehem erblickten, schöpften sie wieder Mut, und Josef tröstete seine Frau: „Bald sind wir da, und in Bethlehem bin ich ja bekannt. Wir finden ganz gewiss bei Verwandten oder Bekannten eine Unterkunft. Die werden sich noch an mich erinnern, wenn es auch schon einige Jahre her ist, seitdem ich das letzte Mal dort war.“

Als sie die Häuser am Ortsrand erreichten, spürte Maria die ersten Wehen in ihrem Leib. Ihr Herz klopfte heftiger. Sie fasste Josef am Arm und hielt ihn an, drückte sich an ihn und flüsterte: „Du, Josef, ich spüre es, heute wird unser Kind geboren.“

Doch Josef suchte vergeblich nach einer Unterkunft, nach einem Platz, wo das Kind zur Welt kommen könnte. Keiner wollte ihn mehr kennen. Alle suchten nach einer Entschuldigung. Aber sie fanden nur eine Ausrede. Es war schon so, dass sie fürchteten, durch die Geburt Unannehmlichkeiten zu bekommen.

Josef hatte schon Sorge, dass ihr Kind auf der Straße zur Welt kommen müsste.

Aus der frohen Botschaft

Als sie dort waren,
kam für Maria die Zeit ihrer Niederkunft,
und sie gebar ihren Sohn,
den Erstgeborenen.
Sie wickelte ihn in Windeln und legte ihn in eine Krippe,
weil in der Herberge kein Platz für sie war.

Lukas, 2, 6 – 7

Die Geburt Jesu

Ganz zuletzt kamen sie am Dorfrand am Haus des alten Elias vorbei. Der alte Elias war Herr über viele Schafherden, die mit ihren Hirten durch das Land zogen. Josef kannte ihn gut. Er war ein Freund seines Vaters Jakob gewesen. Aber seitdem sein Vater verstorben war, hatte er ihn nicht mehr besucht. Und Josef erinnerte sich: Elias war immer mürrisch und oft sehr schnell zornig. Der würde ihnen gewiss auch kein Lager geben.

„Aber ich muss es zumindest versuchen", sagte er zu Maria und klopfte an die Tür.

Bald hörten sie schlurfende Schritte und eine Frauenstimme rief: „Wer ist da?" Langsam öffnete sich die Tür einen Spalt.

„Ich bin der Josef aus Nazareth!", rief er, „ich bin mit Maria, meiner Frau, hier. Sie bekommt ein Kind. Sie hat schon Wehen. Wir brauchen dringend ein Lager."

Eine Frau blickte misstrauisch auf die beiden.

„Ich hab keinen Platz!", knurrte sie und wollte die Tür schnell wieder schließen.

„Ester, ich kenne dich!", beeilte sich Josef zu sagen. „Ich bin doch der Sohn des Jakob. Er ist leider vor einigen Jahren gestorben. Du musst mich doch noch kennen. Als Kind war ich doch so oft bei dir. Und außerdem, unser Kind muss in den nächsten Stunden geboren werden. Wo sollen wir hin?"

In diesem Augenblick spürte Maria die nächste Wehe. Sie stützte sich auf den Josef und zitterte am ganzen Leib. Dann sank sie vor der Tür auf den Boden. Ester und Josef versuchten vergeblich, sie aufzuhalten.

„Verzeiht", sagte Ester, als die Wehe vorbei war, „es ist nicht recht, dass ich so misstrauisch war. Aber in letzter Zeit läuft so viel Gesindel hier umher. Da hat man doch ein wenig Angst."

Sie zögerte ein wenig, dann meinte sie: „Ich schäme mich, euch unseren Stall dort drüben anzubieten. Aber ich weiß mir keinen anderen Rat. Und Josef, wenn du meinen Mann kennst, dann weißt du, wie mürrisch und zornig er oft ist. Ich werde ihm am besten nichts davon sagen."

„Komm, Josef!", flüstere Maria. „Schnell zum Stall! Besser dort als hier auf der Straße!"

Für einen Augenblick verschwand Ester im Haus und holte eine Laterne. Auf dem Arm trug sie ein Laken und einige Tücher.

Mit dem Licht der Laterne zeigte Ester den beiden den Weg zum Stall. Aber so finster war es gar nicht, denn über Bethlehem leuchtete ein Sternenmeer von unendlicher Schönheit.

Maria beeilte sich, zum Stall zu kommen. Sie zitterte vor der Kälte aber auch vor dem Ereignis der Geburt.

Vor dem Stall lagerten einige Hirten um die Glut eines Feuers. Ihnen befahl Ester, das Feuer neu zu entfachen und in einem großen Kessel, der über der Feuerstelle hing, Wasser zu erwärmen.

Sie trieb einige Schafe aus dem Stall, fegte eine Ecke mit einem Besen sauber, streute trockene Einstreu aus Laub und hartem Gras auf den Boden und bereitete Maria ein Lager aus Heu und Stroh. Darüber breitete sie ein das Laken.

„Wenn du möchtest, Maria", Ester sagte es unsicher und zögernd, denn sie wollte sich ihr nicht aufdrängen, „wenn du möchtest, kann ich bei dir bleiben. Ich habe selbst vier Kinder geboren. Ich kann dir gewiss helfen!"

„Ich danke dir!", stöhnte Maria. Ihr Körper wurde gerade wieder von einer Wehe erfasst. Josef ließ sie langsam aus seinen Armen auf das Laken hinabgleiten.

Ach, wie froh war Maria, dass sie endlich ein Lager gefunden hatte, auf dem sie ihr Kind zur Welt bringen konnte.

Josef erleichterte den Esel noch von seinem schweren Gepäck und stellte ihn neben den Ochsen. Dann kniete er neben seiner geliebten Maria nieder, streichelte über ihr Haar und hielt ihr bei der nächsten Wehe die Hand.

Mehr konnte er leider nicht tun. Aber Maria war ja so froh, dass der Josef bei ihr war und dass Ester ihr bei der Geburt helfen konnte.

Und dann wurde das Kind geboren, so wie alle Menschenkinder auf diese Erde kommen. Das Jesuskind tat seinen ersten Schrei. Ester nahm es, wickelte es in ein Tuch und legte es seiner Mutter auf die Brust. Maria streichelte sanft mit ihren Händen über den kleinen Leib und sah ihren Mann glücklich an.

Und dann durfte auch der Josef das neue Leben in den Händen halten, vielleicht ein wenig ungeschickt, aber das muss wohl so sein.

„Es ist ein Junge“, sagte Ester, „und so, wie es aussieht, ist er gesund und wohlauf.“

Viel konnte man im kargen Licht der Laterne ja nicht sehen, aber doch so viel, dass auf allen Gesichtern eine wunderbare Freude lag.

Aus der frohen Botschaft

In jener Gegend lagerten Hirten auf freiem Feld und hielten Nachtwache bei ihrer Herde. Da trat der Engel des Herrn zu ihnen, und der Glanz des Herrn umstrahlte sie. Sie fürchteten sich sehr.

Der Engel aber sagte zu ihnen: Fürchtet euch nicht, denn ich verkünde euch eine große Freude, die dem ganzen Volk zuteil werden soll: Heute ist euch in der Stadt Davids der Heiland geboren; er ist der Messias, der Herr. Und das soll euch als Zeichen dienen: Ihr werdet ein Kind finden, das, in Windeln gewickelt, in einer Krippe liegt. Und plötzlich war bei dem Engel ein großes himmlisches Heer, das lobte Gott und sprach:

Verherrlicht ist Gott in der Höhe, und auf Erden Friede bei den Menschen seiner Gnade.

Als die Engel sie verlassen hatten und in den Himmel zurückgekehrt waren, sagten die Hirten zueinander: Kommt, wir gehen nach Bethlehem, um das Ereignis zu sehen, das uns der Herr verkünden ließ.

So eilten sie hin und fanden Maria und Josef und das Kind, das in der Krippe lag.

Als sie es sahen, erzählten sie, was ihnen über dieses Kind gesagt worden war.

Und alle, die, es hörten, staunten über die Worte der Hirten.

Maria aber bewahrte alles, was geschehen war, in ihrem Herzen und dachte darüber nach.

Die Hirten kehrten zurück, rühmten Gott und priesen ihn für das, was sie gehört und gesehen hatten; denn alles war so gewesen, wie es ihnen gesagt worden war.

Lukas, 2, 8 - 20

Das Wunder des Lebens

Ester war gerade dabei, einige Tücher zu waschen, da wurde die Tür aufgestoßen.

„Hier bist du also!", brüllte ein Mann, „ich habe..."

Weiter kam er nicht, denn Ester zischte ihn an: „Elias, sei still und brüll nicht so! Du erschrickst ja die Maria und das kleine Kind. Es ist gerade erst geboren!"

Der Mann starrte in das Dunkel, und es dauerte eine Weile, bis sich seine Augen an das Dämmerlicht gewöhnt hatten und er die Mutter mit dem Kind erkannte. Unsicher trat er etwas näher heran.

„Verzeiht, Herr!", sagte Josef mit ruhiger Stimme, „aber wir haben nirgends ein Quartier gefunden. Keiner wollte uns aufnehmen. Da erlaubte uns Ester, hier im Stall zu übernachten. Es dauerte nicht mehr lange und unser kleiner Sohn kam zur Welt."

„Hm, so!", murmelte der Alte verlegen und versuchte im schwachen Licht der Öllampe etwas zu erkennen. Er sah Maria auf dem Strohlager, neben sich das in ein Tuch gewickelte Kind und dann den Josef, der neben den beiden in der Einstreu kniete.

Er wurde unsicher. Er spürte, dass er etwas tun musste. Seine Hände streckten sich dem Kind entgegen. Dann ließ er sie verzagt wieder sinken.

Langsam drehte sich Elias um und ging leise hinaus. Vorsichtig schloss er die Tür. Dann aber begann er zu laufen, so schnell ihn seine alten Beine tragen konnten.

Was er da gesehen hatte, hatte sein Herz angerührt. Der sonst so harte und herrschsüchtige Mann eilte in sein Haus, raffte einige Dinge zusammen und beeilte sich zum Stall zurückzukommen. Leise öffnete er die Tür und suchte im Dämmerlicht nach der Futterkrippe. Als er sie endlich gefunden hatte, stülpte er sie um, damit Schmutz und Heureste heraus fielen, füllte sie mit sauberem Stroh und polsterte sie mit Heu aus. Darauf legte er ein weißes

Tuch, schob die Futterkrippe neben den Josef und deutete ihm mit der Hand, dass er das Kind hineinlegen solle.

Ester hatte ihrem Mann zugeschaut, kam nun schnell herbei, nahm das Kind und legte es in die Futterkrippe. Dabei lächelte sie ihren Mann glücklich an. Der nahm ein warmes Lammfell, deckte es über den kleinen Jesus und strich es glatt.

Schon lange nicht mehr hatte Ester ihren Mann so fürsorglich und zärtlich gesehen. Sie schlang ihre Arme um seinen Hals und küsste ihn auf das bärtige Gesicht. Eine lange Zeit standen sie vor der Futterkrippe und sahen auf den kleinen schlafenden Buben.

Von weit her drang plötzlich eine Unruhe an ihr Ohr.

„Horch, Elias!“, flüsterte Ester. „Was ist das für ein Lärm?“

„Jetzt höre ich es auch“, antwortete Elias. „Und er kommt immer näher! Das sind Stimmen! Eine Menge Leute!“

Und je näher sie kamen, umso erregter hörten sie sich an.

Und dann rief einer: „Da ist das helle Licht, wie ein Stern! Und es bleibt stehen! Da über dem Stall!“

„Aber das ist doch der Stall unseres Herrn! Das kann doch nicht sein!“

Ester und Elias und auch der Josef konnten die Stimmen jetzt deutlich verstehen.

„Was soll ein so heller Schein über dem Stall des Elias?“, sagte einer der Männer.

„Der Stern hat uns aber hierher geführt. Das muss ein besonderer Stern sein“, sagte ein anderer.

„Ob wir mal im Stall nachsehen?“

„Aber wenn der Elias dort drinnen ist! Ihr kennt doch seinen Zorn!“

Plötzlich öffnete sich die Stalltür und Elias trat heraus. Die Männer erschraken und erwarteten ein wütendes Gebrüll. Elias aber ging auf die Gruppe zu und fragte ruhig: „Was wollt ihr denn hier? Ihr solltet doch bei euren Herden sein!“

Einer der Hirten aber deutete nach oben über den Stall und seine Stimme zitterte: „Sieh, Herr, dort oben über dem Stall den hellen Schein. Wir sahen ihn plötzlich auf den Weiden, hoch am Himmel über den Schafherden und dann hörten wir Stimmen. Es war wie ein Chor, der vom Himmel klang und eine Stimme in meinem Herzen sagte mir: Du musst diesem Schein folgen. Und den anderen ging es genauso. Er hat uns dann den Weg hierher gezeigt."

„Dann ist es recht, dass ihr gekommen seid!", sagte Elias leise. „Denn etwas Wunderbares ist in unserem Stall geschehen. Eine junge Frau, die Maria, hat ein Kind geboren. Kommt leise herein und schaut!"

Und die Hirten schoben sich leise zur Tür herein. Ihre Blicke durchdrangen die Dunkelheit und der Elias leuchtete mit seiner Laterne auf das schlafende Kind.

Sie schauten still auf das kleine Wunder und fühlten, wie ein kleines Glück in ihnen aufstieg.

Bis einer von ihnen sagte: „Brüder, mir ist es, als wenn der Himmelsgesang auf den Feldern mir die Botschaft von dem Kind schon in mein Herz gelegt hätte."

Es war lange nach Mitternacht als Ester und Elias nach Hause gingen und die Hirten wieder zu ihren Schafen zurückkehrten. Lange vermochten sie keinen Schlaf zu finden.

Schon früh am Morgen waren die beiden wieder auf den Beinen, um nach dem Kind und seinen Eltern zu sehen und ihnen frische Milch, Brot und etwas Käse zu bringen.

„Am besten ist es", meinte Elias zu Josef, „wenn ihr noch einige Tage bleibt, bis Maria sich ein wenig von der Geburt erholt hat. Dann könnt ihr euch auf den Rückweg machen. So lange könnt ihr hier im Stall bleiben. Und wenn ihr noch etwas benötigt, so will ich dafür sorgen. Und es soll euch nichts kosten. Ich spüre ein großes Glück in mir, seit in meinem Stall dieses Kind geboren wurde."

Die Kunde von der Geburt hatte sich am nächsten Tag sehr schnell in ganz Bethlehem und Umgebung herumgesprochen. Viele Leute kamen herbei, manche aus Neugier, viele aber auch, um der

Familie zu helfen. Und so brachten alle etwas mit und beschenkten das Kind und seine Eltern. Einige brachten ein Stück Tuch mit, dass Maria als Windel brauchen konnte, andere einige Eier, ein Stück Schafskäse oder Brot. Aber alle wollten das neugeborene Kind sehen.

Und alle, die von Herzen gaben und die Dankbarkeit in den Gesichtern von Maria und Josef erblickten, wurden von einem tiefen Glück erfasst, dass noch anhielt als sie schon längst wieder zu Hause waren, den Haushalt oder ihr Vieh versorgten oder am Abend zu Bett gingen und das Bild des Kindes mit Maria und Josef vor sich sahen.

Aus der frohen Botschaft

Als Jesus zur Zeit des Herodes in Bethlehem in Judäa geboren worden war, kamen Sterndeuter aus dem Osten nach Jerusalem und fragten: Wo ist der neugeborene König der Juden? Wir haben seinen Stern aufgehen sehen und sind gekommen, ihm zu huldigen.

Als der König Herodes das hörte, erschrak er und mit ihm ganz Jerusalem. Er ließ alle Hohenpriester und Schriftgelehrten des Volkes zusammenkommen und erkundigte sich bei ihnen, wo der Messias geboren werden solle. Sie antworteten ihm: In Bethlehem in Judäa; denn so steht es bei dem Propheten: Du, Bethlehem im Gebiet von Juda, bist keineswegs die unbedeutendste unter den führenden Städten von Juda; denn aus dir wird ein Fürst hervorgehen, der Hirt meines Volkes Israel.

Danach rief Herodes die Sterndeuter heimlich zu sich und ließ sich von ihnen genau sagen, wann der Stern erschienen war. Dann schickte er sie nach Bethlehem und sagte: Geht und forscht sorgfältig nach, wo das Kind ist; und wenn ihr es gefunden habt, berichtet mir, damit auch ich hingehe und ihm huldige.

Nach diesen Worten des Königs machten sie sich auf den Weg. Und der Stern, den sie hatten aufgehen sehen, zog vor ihnen her bis zu dem Ort, wo das Kind war; dort blieb er stehen. Als sie den Stern sahen, wurden sie von sehr großer Freude erfüllt. Sie gingen in das Haus und sahen das Kind und Maria, seine Mutter; da fielen sie nieder und huldigten ihm. Dann holten sie ihre Schätze hervor und brachten ihm Gold, Weihrauch und Myrrhe als Gaben dar.

Weil ihnen aber im Traum geboten wurde, nicht zu Herodes zurückzukehren, zogen sie auf einem anderen Weg heim in ihr Land.

Matthäus 2,1 - 12

Der Besuch der drei weisen Männer

Es waren mittlerweile einige Tage vergangen. Josef hatte sich mit Maria in die Steuerlisten eintragen lassen und der Josef dachte allmählich daran, sich auf den Rückweg nach Nazareth zu machen.

Aber Elias wollte sie noch nicht ziehen lassen.

„Deine Frau ist noch nicht stark genug. Warte besser noch ein paar Tage“, schlug er vor.

„Und wenn du willst“, bemerkte er zögerlich, „wenn du willst, kann ich dir auch noch eine Kammer in meinem Haus herrichten. Ich glaube, ich habe da noch etwas wieder gutzumachen.“

Josef lächelte freundlich: „Es ist schon gut so, Elias. Ich danke euch, aber wir wollen dir und deiner Frau nicht noch mehr Arbeit machen. Außerdem muss ich unbedingt nach Nazareth. Dort wartet eine Menge Arbeit auf mich.“

„Dann ist es gut!“, meinte Elias beruhigt. Leise verließ er den Stall, drückte die Stalltür hinter sich ins Schloss und kraulte seinen Hund. Das hatte er schon lange nicht mehr getan. Er ging einige Schritte auf einen nahe gelegenen Hügel und blickte zufrieden einer Schafherde nach, die mit den Hirten von neuem unterwegs war, in der kargen Gegend nach Futterplätzen zu suchen.

Plötzlich sprang sein Hund auf, spitzte die Ohren, blickte gegen Nordost und ließ ein tiefes Knurren vernehmen. Elias blickte angestrengt in die Richtung, kniff die Augen zusammen. Und dann sah er die Karawane. Hinter dem letzten Hügel vor Bethlehem tauchte sie auf. Neugierig beobachtete er den Zug der Leute und der Kamele, die sich dem kleinen Ort näherten.

„Seltsam“, dachte Elias, „was will denn eine solch große Karawane in unserem Bethlehem?“

Und als sie näher kam, musste er erstaunt feststellen: das war ja keine von jenen Karawanen, die wertvolle Stoffe und Gewürze für die Reichen des Landes herbeibrachten, nein, das sah mehr nach einer Reisegesellschaft aus oder nach einem Fürsten mit seinem Gefolge. Doch je näher sie kamen, umso neugieriger, aber auch unsicherer wurde er. Das konnten keine Fürsten sein, denn die Ankömmlinge waren zwar edel und sorgfältig gekleidet, aber sie traten keineswegs in einem fürstlichen Gepränge auf. Vorn an der Spitze ritt wohl der Anführer.

Da! Nun löste er sich mit einem Begleiter aus der Gruppe und kam direkt auf Elias zu. Er verneigte sich vor ihm und sprach ihn an. Doch Elias verstand die Sprache nicht, in der der Fremde redete.

„He, Alter!“, meldete sich jetzt der Begleiter. „Wir suchen den neugeborenen König!“

Elias lachte: „Hier in dem kleinen Nest sucht ihr einen König? Seht ihr hier in Bethlehem einen Palast?“ Und er wendete sich ein wenig um und winkte mit der Hand in Richtung des Ortes.

„Da werdet ihr keinen finden. Die Leute hier sind nicht reich. Selbst mein Haus ist klein und bescheiden, obwohl ich der reichste Mann im Ort bin.“

Schon eine Weile hatte der Anführer auf den Stall geblickt, der hinter Elias in einer leichten Senke lag. Jetzt wies er mit einer Hand hinüber und winkte den anderen, ihm zu folgen.

Der Begleiter aber rief Elias zu: „Wer wohnt dort in dem Stall?“

Elias blickte sich um. Und dann sah er wieder das helle Licht. Es stand genau über dem Stall, fast genauso wie in der Nacht, als der kleine Jesus geboren wurde. Und merkwürdig, obwohl es heller Tag war, sah er das Licht wie ein Stern über dem Stall leuchten.

„Schon viele Tage und Nächte sehen wir den Stern vor uns“, rief der Begleiter dem Elias zu. „Wir sind hinter ihm hergezogen. Er zeigte uns den Weg hierher. In dem Stall muss etwas Besonderes sein!“

„Ja, schon“, sagte Elias nachdenklich, „vor einigen Tagen wurde dort ein kleiner Junge geboren. Aber er ist kein König. Er liegt dort drinnen in einer Futterkrippe, und seine Eltern sind auch keine reichen Leute. Kommt und schaut!"

Elias eilte voran, klopfte an die Stalltür und öffnete sie behutsam.

„Josef!", flüsterte er, hier sind feine Herrn. Ein Stern hat sie hierher geführt. Sie suchen ein neugeborenes Kind."

„Dann lass sie herein!", entgegnete Josef, „sie sollen willkommen sein."

Und dann sah Elias, wie einer der edlen Herrn in den Stall trat, den kleinen Jesus in der Futterkrippe erblickte und vor ihm in die Knie sank. Er verneigte sich vor dem Kind und vor Maria und Josef und sprach in einer fremden Sprache zu ihnen.

Obwohl Elias die Sprache nicht verstand, zeigte ihm das Gesicht des Fremden eine große Freude, ja, es schien ihm von einer Erlösung zu erzählen, nach dem weiten Weg endlich das Kind gefunden zu haben.

Der Fremde erhob sich nach einer Weile wieder, ging einen Schritt auf Maria zu, verneigte sich vor ihr und legte ihr ein goldenes Kästchen in die Hände.

„Du, sag mal!", flüsterte Elias dem Begleiter zu, „wer bist du und wer sind diese fremden Herrn?"

„Ich heiße Zabulon", flüsterte der Begleiter, seit zehn Tagen bin ich im Dienst der drei Männer und begleite sie mit der Karawane und ihrem Gefolge. Sie suchten jemand, der sich hier in Judäa gut auskennt, besonders, da sie eine fremde Sprache sprechen und unsere Sprache nicht verstehen. Seit zehn Tagen eile ich nun mit ihnen hinter dem Stern her. Er strahlte immer vor uns her. Nur als wir im Palast dieses König Herodes waren, blieb der Stern für eine Weile verschwunden und wir dachten schon, wir hätten ihn verloren. Umso größer war die Freude bei meinen Herrn, als er gestern Abend wieder erstrahlte."

„Und was sind das für Herrn?", wollte Elias wissen.

„Das ist es ja, das weiß ich selbst nicht so genau", lächelte Zabulon etwas verlegen. „Es sind gewiss keine Fürsten oder Könige, ganz sicher aber weise Männer, vielleicht Sterndeuter, mit Sicherheit verstehen sie etwas von der Sprache der Sterne. Übrigens, sie heißen Kaspar, Melchior und Balthasar."

Und nach einer Weile fügte er hinzu: „Mit diesem Kind Jesus muss es etwas ganz Besonderes auf sich haben. Wenn ich nur wüsste, was!"

Mittlerweile hatte sich der erste der weisen Männer, der Kaspar, ein wenig in den hinteren Teil des Stalles zurückgezogen, um dem zweiten, dem Bathasar, Platz zu machen. Auch er kniete vor dem Kind nieder, machte ihm und der Mutter Maria und auch dem Josef seine ehrerbietige Aufwartung und beschenkte die heilige Familie mit einer kostbaren Gabe.

Und als Elias in das Gesicht des weisen Balthasar schaute, sah er, wie die Tränen der Freude über seine Wangen rannen.

Doch nun trat der dritte der weisen Männer in den Stall, der Mohr Melchior. Mit ernstem Gesicht blickte er in das Dämmerlicht des Stalles und suchte nach dem Kind. Aber in dem Augenblick, da er den kleinen Jesus erblickte, tat er einen Jauchzer und lachte so freudig auf, dass alle Umstehenden sich mitfreuen mussten. Mit erhobenen Armen ging er auf die Futterkrippe zu, fiel auf die Knie und verschränkte die Arme über seiner Brust Er lachte das Kind so herzlich an, dass seine weißen Zähne im Dämmerlicht hell aufstrahlten und die beiden weißen Augäpfel aus dem schwarzen Gesicht hervorblitzten. Dann nahm er die beiden Füßchen des Kindes und küsste sie.

Selten hatte Elias einen solch glücklichen Menschen gesehen. Er strahlte so viel Glück aus, dass alle sich mitfreuen mussten.

Nachdem auch er die heilige Familie beschenkt hatte, verließ er mit den anderen den Stall. Und selbst an seinem wiegenden Schritt sah man die Freude des Herzens, mit der sich Melchior beschenkt fühlte.

Da die Nacht nicht mehr fern war, schlugen die drei Weisen in der Nähe des Stalles ihr Lager auf, machten noch einen Tag Rast und kehrten dann ein jeder in seine Heimat zurück.

Die Weihnacht 1947

Wenn Großvater seine große Steinkrippe aufgebaut und Mutter es mit viel Mühe endlich geschafft hatte, den Bauschutt zu beseitigen, kam die stille Zeit, die Zeit der Geheimnisse. Es waren die letzten drei Tage vor dem Heiligen Abend, an denen das Weihnachtszimmer nicht mehr betreten werden durfte. Es blieb verschlossen. Selbst das Schlüsselloch war von innen zugesteckt.

Doch oben, im obersten Feld der Tür, war ein Sprossenfenster mit sechs kleinen Milchglasscheiben. Und wenn die trübe Dämmerung der langen Dezembernächte langsam herein sank, färbten sich die Scheiben allmählich mit einem zarten rosa Schimmer.

Mein Bruder und ich standen ganz verzückt vor diesem himmlischen Schein und wagten kaum zu atmen, denn jeder, auch noch so unbeabsichtigte Laut hätte womöglich die geheimnisvolle Handlung dort drinnen stören können.

Schließlich hockten wir uns in die Türnische und legten die Ohren an das Türblatt. Und ganz sicher drang des Öfteren ein leises Knistern oder ein sanftes Geläut an unser Ohr. Stahl sich nicht durch die Ritzen der Tür der Duft nach Lebkuchen und Spekulatius aus der himmlischen Bäckerei?

Was wir in unserer kindlichen Fantasie hinter der Tür vermuteten, ob es die vielen kleinen helfenden himmlischen Geister waren oder vielleicht sogar das Christkind selbst, weiß ich heute nicht mehr zu sagen. Ich weiß nur noch, dass die Mutter auf diesbezügliche Fragen keine Antwort gab und nur geheimnisvoll lächelte und mit den Schultern zuckte.

Sie selbst durfte das Weihnachtszimmer ja auch nicht betreten. Das stand an den drei Abenden vor der Weihnacht nur dem Vater zu, und das auch nur, um die himmlischen Heerscharen mit seinem Klavierspiel zu beglücken.

Mutter hatte nämlich in ihrer Kindheit das Klavierspiel erlernen sollen. Nach etlichen Jahren großer Mühen und vieler Tränen hatte sie dann den Weg hin zur Meisterschaft abgebrochen. Das Klavier zierte seitdem als ein wertvolles Möbelstück das Wohnzimmer.

Nur an den drei Abenden vor der Weihnacht erlöste der Vater das Instrument aus seiner Erstarrung und ließ es erklingen, zunächst ganz vorsichtig, versuchend, ob die Töne nicht in der langen Wartezeit abhanden gekommen seien. Und obwohl Vater nicht Klavier spielen konnte, dauerte es nicht lange, bis er die Melodie des Weihnachtsliedes, das schon so viele Herzen bewegte, zusammen bekam.

Ich aber lag in meinem Bett im Zimmer darüber und lauschte den Klängen von der stillen, heiligen Nacht.

Unaufhörlich suchte Vater nach neuen Tönen auf dem Klavier. Schließlich brachte er sogar eine Begleitstimme zustande, die er aber am nächsten Abend wieder verloren hatte. Das Suchen danach dauerte jedoch nicht allzu lange, sodass er noch das andere Lied von den Kindern, die zur Krippe kommen, versuchte. Den Schluss dieses Liedes bekam ich nicht mehr mit, denn ich schlief bald ein.

Und endlich kam der Morgen des Heiligen Abend. Das war für meinen Bruder und mich noch eine arge Prüfung, denn wir hatten noch einen endlos langen Tag des Wartens vor uns, und wir vermochten unsere Ungeduld nur schwer zu zügeln. Immer wieder gerieten wir in Albernheiten und kleine Händel, obwohl wir es eigentlich gar nicht wollten. Die Spannung in uns wuchs ins Unerträgliche.

Doch dann wurde es der Mutter zu bunt. Sie holte die große Zinkwanne in die Küche, goss mit Hilfe des Vaters aus einem Einkochkessel heißes Wasser hinein und aus einem Eimer kaltes, und mein Bruder und ich mussten das Weihnachtsbad über uns ergehen lassen.

Dies war eine ziemlich geschwinde Prozedur, die meist mit Gebrüll endete, denn zum Abschluss der Kopfwäsche lief immer etwas von der Kernseifenlauge in die Augen.

Doch schon stand der Vater bereit, um uns aus den immer tätigen Händen der Mutter zu erretten. Er fischte uns aus dem Badewasser, hüllte uns in ein riesiges Badehandtuch und bald fanden sich zwei kleine Schreihälse in ihrem Bett wieder. Dann wurde es ganz still. Nur neben mir schnaufte mein kleiner Bruder in seinem Bettchen, sank aber bald in einen ruhigen tiefen Schlaf.

Ich lauschte den Geräuschen im Haus. Nur hin und wieder öffnete oder schloss sich eine Tür. Sonst blieb alles still.

Auch von draußen drang kein Laut herein. Es war, als ob die Natur und alles Leben den Atem anhielten, um mit den Menschen auf das Wunder zu warten.

Nur wie von ganz weit entfernt drang nach einer Weile durch die Mauern und Fenster die festliche Musik der Bläser vom Turm der Kirche.

Wenn die Dämmerung herbeischlich und die schwachen Schatten im Zimmer immer mehr auflöste, bis schließlich alle Welt in ein sanftes Dunkel getaucht war, ein weihnachtlicher Traum aber nicht aufsteigen wollte, wurde plötzlich ganz leise die Türklinke herabgedrückt.

Ein wenig erschrak ich schon. Doch es war die Mutter.

Wir zogen unsere besten Kleider an. Und als die Mutter noch einmal mit dem Kamm durch unsere widerspenstigen Haare fuhr, da klingelte auch schon ein helles Glöckchen.

Behutsam schlichen wir die Treppe hinunter, und dann standen wir in der Tür zur guten Stube, und hundertfacher Lichterglanz leuchtete uns entgegen.

Da stand unser Weihnachtsbaum, geschmückt mit vielen Silberkugeln und Silberglöckchen und Lametta, und in den Kugeln und Glöckchen spiegelten sich die Flammen der Kerzen. Neben dem Baum dehnte sich weit die große Steinkrippe aus. Doch neben dem Lichtermeer lag sie in einem vergessenen Dunkel.

Ganz schwach nur erleuchtete die Laterne die Grotte, in der die heilige Familie eine Bleibe gefunden hatte. Durch das rot gefärbte Fenster fiel das sanfte Licht einer Kerzenflamme und ließ die Schatten der Figuren sich sacht bewegen.

Alle anderen, die Hirten, das Volk und auch die Tiere mussten im Dunkeln ihren Weg zur Grotte finden.

Plötzlich räusperte sich der Vater, spielte einige Töne auf dem Klavier und stimmte das Lied von der stillen, heiligen Nacht an. Aber er sang es ja fast alleine, denn Mutters Stimme hörte sich an, als stände sie ganz weit entfernt; sie versuchte zaghaft den Vater zu begleiten. Ich kleiner Bub verstand mich damals sowieso nicht aufs Singen, und mein kleiner Bruder bemühte sich gerade, die ersten Töne von sich zu geben, die wie Worte klingen sollten.

So sang der Vater mit fester, klarer Stimme die erste Strophe zu Ende. Nur in der letzten Zeile zitterte seine Stimme ein wenig, und bei den letzten Worten hörte man nur noch die Töne des Klaviers.

Er drückte die Mutter an sich und dann uns Buben. Und dann konnte auch ich die Kerzen am Christbaum nur noch undeutlich erkennen. Seltsamerweise waren nämlich meine Augen ganz nass geworden.

Nun, an Geschenken hatte das Christkind nicht viel bei uns zurückgelassen, damals in der Zeit nach dem großen Krieg. Auf den bunten Papptellern mit der Schneelandschaft lagen einige selbstgebackene Plätzchen, etwas Dörrobst, einige Nüsse und ein rotbackiger Apfel. Für mich lag da noch ein hellblauer Stoff, aus dem mir Mutter später einen Schlafanzug nähte.

Aber mitten auf dem Tisch standen ein großer Turmdrehkran und ein Auto aus Holz. Vater hatte sie, wie ich später irgendwann erfuhr, an den Abenden der Adventszeit, wenn wir beide, mein Bruder und ich, schon im Bett lagen, heimlich für uns gebaut.

Das Weihnachtsmahl, so wie man es heute oft in seiner Üppigkeit beschrieben hört, fiel damals sehr bescheiden aus. Es war schon viel, wenn uns die Fleischbrühe schmecken konnte und die Frikadellen, die Mutter aus dem Suppenfleisch gezaubert und der Kuchen, in dessen Teig Mutter gedörrte Pflaumen und Apfelringe geschnitten hatte.

Vielleicht sind es die Erinnerungen an damals, die mich auch heute noch am Abend der Weihnacht nur nach einem ganz einfachen Mahl verlangen lassen.

Zur Geburt des Erlösers

In der Stille warst du, Herr, geboren,
fernab aller schrillen Weltenhast.
Alle lauten Worte sind von eitlen Toren.
Nur in der Stille wächst das Wunder sacht.

Weitab von dem mächt'gen Weltgeschehen
tratest ein du in der Erde Zeit,
nahmest teil an Werden und Vergehen,
trugest gerne auch der Armut Kleid.

In der Stille fandest du den Weg des Lebens,
und die Armut schenkte dir ein glücklich Herz.
Aus den beiden konntest du die Güte weben.
Dies gab Reichtum dir und Lebenskraft.

Fürchtet euch nicht

Es gibt wohl kein Fest im Jahr der Christen, das die Menschen so sehr bewegt wie das Fest der Weihnacht. Und an keinem Tag strömen die Menschen in solchen Scharen zu den Gottesdiensten, sei es, weil dies eben zu einer rechten Weihnachtsstimmung notwendig ist oder sei es, um mit innerer Anteilnahme den Geburtstag des Jesus von Nazareth zu feiern, der den Menschen die frohe Botschaft von der Liebe und Güte brachte, zumindest bringen wollte. Wir wissen ja, was daraus geworden ist.

Wir Menschen müssen eben in unserer Unvollkommenheit immer wieder Gottes Sohn zur Erde bitten, damit er uns beistehe, damit endlich Frieden werde, in unseren Herzen und auf der weiten Erde.

Wir alle sind ja im Advent auf dem Weg zur Krippe, so wie Maria und Josef unterwegs waren, und wir alle hoffen auf Erlösung.

Und so haben die Ereignisse der Heiligen Nacht immer wieder die Menschen dazu bewegt, das Geschehen von damals in einem Spiel zu verdeutlichen und eindringlich zu machen.

Auch ich durfte einmal in meiner Kindheit bei einem solchen Krippenspiel mittun, zur Erbauung der ganzen Gemeinde natürlich.

Ich war nämlich eines von den sechs himmlischen Wesen, die den Hirten beizubringen hatten, dass sie da ein kleines Kind in ihrem Stall aufsuchen sollten. Es sei das Heil der Welt!

Es war schon ein recht schwieriges Geschäft, da der Text auswendig gelernt und dann auch noch gesungen werden musste. Wie sollten wir nur den Hirten das Fürchten abgewöhnen, da wir doch selbst vor Angst kaum Töne für den himmlischen Gesang aus unseren zugeschnürten Kehlen hervorbrachten?

Nun, der Kantor lockte, mit viel Mühe und Versprechungen auf einen besonderen Lohn, die Töne aus uns hervor. Und schließlich hallten unsere Stimmen wunderschön laut durch das leere Kirchenschiff.

Selbst der Pfarrer war von unserer Botschaft angetan. Ihm zumindest hatten wir das Fürchten vertrieben. Der Kantor allerdings hatte noch seine Zweifel und meinte geradezu prophetisch, ob dies auch in der Christmette so gut gelänge? Und er wiegte dabei seinen Kopf hin und her.

Und dann kam die Heilige Nacht heran. Aber es war ja keine stille Nacht, wie es in dem Liede heißt, es war eine reichlich unruhige Nacht. An Schlaf war ja nicht zu denken. Vor Aufregung wälzte ich mich in meinem Bett hin und her. Immer wieder ging mir die himmlische Botschaft durch den Kopf.

Es wäre ja nicht auszudenken, wenn die himmlischen Worte in diesem Jahr durch unsere Schuld nicht die Herzen der Menschen erreichen und bewegen würden.

Wohl mag ich auch im Halbschlaf die Botschaft der Engel nochmals geprobt haben, sehr zum Unwillen meines Bruders, mit dem ich das Zimmer teilte.

Um vier Uhr am Morgen des Weihnachtstages weckte mich die Mutter endlich.

Ich beeilte mich mit dem Ankleiden so rasch, dass ich nachher noch eine unendlich lange Zeit in Mantel und Mütze dasitzen musste, bis wir uns endlich auf den Weg zur Kirche machten. Schnell war ich in meine Ministrantenkleidung geschlüpft, die wir als Ersatz für ein Engelkleid anziehen mussten.

Nun, ein richtiges Engelgewand hätte wohl auch nicht so recht zu uns raufboldigen Jungen gepasst. Und trotzdem war ich ein wenig enttäuscht, dass die Kasse des Pfarrers für ein würdigeres Gewand seiner Engel verschlossen blieb, und das, obwohl wir doch eine solch wichtige Botschaft zu verkünden hatten.

Endlich! Endlich zogen wir in die dunkle Kirche ein, stellten uns auf den Altarstufen auf und warteten auf den Einsatz durch die Frau des Kantors, um die freudige Botschaft zu verkünden.

In der dämmrigen, nur schwach erleuchteten Kirche sang der Kirchenchor auf der Orgelbühne, und dann, plötzlich erstrahlte die Kirche in festlichem Licht, die Orgel hub an mit dem Vorspiel. Jetzt der Einsatz…!

Nichts! Die Engel blieben stumm.

Es war keineswegs ein Wunder, das uns die Sprache genommen hatte. Die Frau des Kantors ruderte oben auf der Orgelbühne gewaltig mit den Armen. Doch umsonst. Den Engeln waren die Töne in ihren Kehlen stecken geblieben.

Da der Kantor ja eine prophetische Gabe besaß, hatte er in weiser Voraussicht ein Zwischenspiel auf der Orgel eingeplant, das bald wieder in das Vorspiel für den Engelgesang mündete. Die Frau des Kantors stand wieder mit hoch erhobenen Armen dort oben. Alle Engel schauten gespannt zur Orgelbühne hoch.

Nur noch vier, noch drei Takte! Da!

„O, guck mal, wie die Glatzen glänzen!"*, entflohen dem Oberengel hinter mir die unheiligen Worte.

Also wieder kein Engelgesang!

Stattdessen hatten wir die allergrößte Not, die erwartungsvolle Gemeinde nicht mit einem recht irdischen Gelächter zu erfreuen.

Ach, es schmerzte so heftig in der Kehle, das Gelächter zu verschlucken. Aber es gelang uns allen, dass kein englischer Glueckslaut über die Lippen sprang.

Der Kantor schien mittlerweile seine Freude an dem Zwischenspiel gefunden zu haben, denn er spielte eine kunstvolle Variation.

Und bald stand die Frau Kantor wieder oben mit hoch erhobenen Armen.

Und jetzt! Die Hände schwangen nach unten!

„Fürchtet euch nicht! Denn seht, ich verkündige euch eine große Freude!"

Herrlich laut schwangen sich unsere Stimmen über die Köpfe der Lauschenden hinweg. Die Frau Kantor ruderte mächtig mit den Armen und der Kantor selbst konnte, endlich von der Last befreit, immer nur Zwischenspiele hervorbringen zu müssen, dem

* Anmerkung: Der Oberengel benutzte für die sprachliche Wiedergabe seiner treffenden Beobachtung das Kölner Dialekt: „Och, luur ens do, wie de Pläte jlänze!"

Engelgesang mit seiner Orgelbegleitung einen fast überirdischen Klang verleihen. Selbst die Orgel war wohl froh, nicht immer dasselbe spielen zu müssen.

Und die Menschen in der Kirche? Sie waren gewiss bewegt von unserem Gesang, der das rechte Weihnachtsgefühl in ihnen weckte, sodass sie dachten: „Ist das schön! Es ist gerade so, wie wenn die Engel singen würden!"

An der Krippe

Um die Geburt des Jesus von Nazareth, um den Eintritt in sein menschliches Sein ranken sich viele Erzählungen und Legenden. Es ist ja auch sehr spärlich, was die Heilige Schrift darüber zu berichten weiß. Und so musste es wohl so sein, dass kein anderes Ereignis der Geschichte bis auf den heutigen Tag die Fantasie mehr beflügelt hat als das Wunder der Menschwerdung.

Aber auch kein Geschichtsforscher vermochte dieses Ereignis von den Erzeugnissen menschlichen Ungeistes, so wie er meinte, zu entrümpeln, dem Schein romantischer Verklärung oder gläubiger Hoffnung zu berauben.

Und auch heute noch glauben so genannte aufgeklärte Geister, ihre Zweifel an der biblischen Wahrheit verkünden zu müssen. Es liegt ihnen viel daran, die Eindringlichkeit der in Jahrhunderten gewachsenen Bilder im Verstand und in den Herzen der Menschen auszulöschen.

Sie sind ja schnell bereit, das nicht Beweisbare zu töten, es der Lächerlichkeit preiszugeben oder als Nahrung für das Herz der Dummköpfe darzustellen.

Die schmerzende Leere, in die sie den Menschen fallen lassen, vermögen sie nicht zu füllen. Den so beraubten Menschen bleibt dann oft nur das Leiden an der fehlenden Sinnhaftigkeit des Daseins.

Gottlob aber ist die Fähigkeit des Menschen, mit seinem inneren Auge zu schauen, noch nicht ganz erstorben.

Und so blickt er auf das kleine unschuldige Menschenkind in der Krippe und auf jedes kleine Menschenkind, das aus der Geborgenheit des mütterlichen Leibes in die Unwirtlichkeit der Erde geworfen wird. Und die Hilflosigkeit menschlichen Seins, wie sie sich im Kinde offenbart, bewegt auch heute noch wie zu allen Zeiten die Herzen vieler Menschen.

Es ist schon gut, wenn dies niemals verloren geht. Denn menschliche Planbarkeit durch den Verstand entkleidet die Dinge ihrer Geheimnisse; der Verstand allein aber vertreibt die Menschlichkeit.

Und darum durfte der König der Menschen wohl auch nicht in einem Palast zur Welt kommen, sondern in einem Stall in der Armut der Futterkrippe. Denn nur der Arme vermag so recht zu begreifen, was in der Not das Herz erschüttert.

So musste der Herr in seinem Menschsein selbst die Bedrängnisse an Leib und Seele erfahren, damit er um die Schmerzen wisse, die Hunger und Angst bereiten.

Und die Armen konnten so erfahren, dass er einer der Ihren ist.

Es ist ja schon merkwürdig, wohl auch kein Zufall, dass der Herr in den ersten Lebenstagen nur die Armen um sich versammelte. Es waren ja wahrscheinlich nur wenige Menschen, einfaches Volk, Hirten und Dienstleute, die in den Stall kamen, um das Wunder zu schauen, ein winziges Kind in seiner ganzen Armseligkeit, ein Spiegelbild der eigenen Unzulänglichkeit.

Aber von denen, die kamen, konnten auch nur die das Wunderbare erkennen, deren Augen und Herzen noch nicht durch Selbstmitleid verschlossen waren. Ihnen fiel es dann auch leicht, etwas abzugeben von dem wenigen, das sie selbst besaßen.

Vielleicht war es damals schon so, dass viele der Reichen den Blick für das Eigentliche verloren hatten und ihnen ein gehöriges Maß an Ursprünglichkeit abhanden gekommen war.

Im Blick auf Macht, Besitz und persönlichen Erfolg versäumten sie das Kleine, das Unscheinbare, zu schauen. Sie übersahen es. Sie konnten in ihm nicht das Außergewöhnliche bemerken, da ihr Blick stumpf war, weil das Licht des Herzens fehlte.

Es ist deshalb nur schwer zu begreifen, dass auch in der Nachfolge Jesu bis auf den heutigen Tag die Macht des Reichtums und des Einflusses die Macht des Herzens glaubt besiegen zu müssen.

Ein Dummkopf, der glaubt, dass kirchlicher Dogmatismus und Streben nach Einfluss und Macht in der christlichen Kirche unsere Erde noch einmal retten könnten. Dies allein vermag nur die Kraft des Herzens, das bereit ist, in Demut und Bescheidenheit nach dem Vorbild Jesu zu leben.

Dies ist eine tröstliche Botschaft des Advents und der Weihnacht. Zugleich eröffnet sie aber auch, wie weit der Weg nach Bethlehem noch ist.

Damals kamen auch Mächtige des Geistes, um dem Kind in der Krippe und seinen Eltern zu huldigen. Es waren nicht Könige, Herrscher dieser Welt, es waren weise Männer aus fernen Ländern.

Der Kosmos hatte ihnen ein Rätsel aufgegeben, und die Unruhe des Herzen trieb sie, hinter das Geheimnis zu schauen.

Sie mussten einen langen Weg der Enthaltsamkeit und des Zweifelns gehen, bis ihr geläutertes Herz das Wunder erkennen konnte.

Sie fanden schließlich den Glauben, vielleicht nicht an den einen Gott, ganz sicher aber an das Wunder des Lebens, weil sie bereit waren, sich auf die Knie herabzulassen, um des Kindes willen.

Was wären die Geschichten um die Geburt Jesu, wenn nicht die Tiere einen Platz darin gefunden hätten, wohl auch um des Menschen willen, damit er gleichsam sein Spiegelbild im Wesen der Tiere erkenne.

Vielen Tieren sagt man ja manchmal besondere menschliche Eigenschaften und Fähigkeiten nach. Da wundert man sich über die Schlauheit des Fuchses, bestaunt das edle Pferd, lobt die emsige Biene oder lacht über das ulkige Gebaren eines Raben.

Aber obwohl der Ochs und der Esel wohl bei der Geburt des Jesus von Nazareth zugegen waren, weiß man kaum etwas Außergewöhnliches oder gar Löbliches über sie zu berichten. Beide gelten als dumm und störrisch.

Und da der Mensch in seiner grenzenlosen Überheblichkeit nur das Schöne und Edle für bedeutend hält, ist er meist auch nur bereit, das zu achten und in ihm einen Wert zu erkennen. Dabei ist er gar nicht wählerisch oder gar kritisch, und er vermeidet es, durch den äußeren Schein hindurch bis zum Kern des menschlichen Wesens vorzudringen. Oft hätte er dann nämlich eine arge Enttäuschung zu verwinden.

Es ist ja auch nicht allzu schwer, sich dem Wohlgestalteten und

Angepassten zuzuwenden. Das, was der Mensch für dumm und hässlich hält, aber muss nicht nur seiner Liebe entbehren, sondern muss auch noch als Zielobjekt seiner aus der eigenen Unzufriedenheit und Angst geborenen Aggressionen herhalten.

Und so ist es nicht verwunderlich, dass Ochs und Esel mehr Prügel beziehen, als dass sie für ihre treuen Dienste des Lastenschleppens oder des Pflugziehens belohnt werden.

Das war schon früher so und blieb bis auf den heutigen Tag, dass die niederen Dienste, obwohl die Menschheit ohne sie nicht auskommt, so oft mit Verachtung beladen werden.

Vielleicht ist es gerade deshalb auch kein Zufall, dass von den Menschen eben die Hirten und von den Tieren der Ochs und der Esel als erste das Wunder der heiligen Nacht bestaunen durften.

So konnten die Hirten ein wenig Stroh reichen, auch ein warmes Fell für das Neugeborene und natürlich das Wasser erwärmen über der aus der wohlbehüteten Glut neu auflodernden Flamme.

Und die Tiere? Sie wärmten den kleinen Jesus und die Mutter Maria und ihren Mann, den Josef, mit ihrem Leibern und dem warmen Atem, der aus ihren Nasen stob. Dazu braucht man eine gar unendliche Geduld und Ausdauer und eine tiefe Demut, um mit einem solch einfachen Dienst zufrieden zu sein.

Was hätte ein edleres Tier schon ausrichten können? Etwa der eitle Pfau oder gar der König der Tiere, der Löwe?

Es war in ihnen eben nicht die Fähigkeit des Dienens gewachsen, und deshalb müssen sie wohl auch heute noch einem immerwährenden inneren Zwang unterliegen. Der Pfau muss eben sein prächtiges Federkleid zeigen und der Löwe muss Furcht erregend brüllen, damit jedermann Achtung vor ihm bekomme.

Schließlich durfte der Esel die Mutter Maria mit ihrem Sohn nach Ägypten tragen. Sie ritten ja nicht auf einem edlen Pferd oder einem großen Kamel.

Und der Ochse? Er musste zurückbleiben. Er stampfte nun ruhelos im Stall umher, weil ihm sein Freud, der Esel, fehlte. Er konnte ja nicht begreifen, welch große Aufgabe seinem Freund zugefallen war und dass er selbst im unbegreiflichen Plane seines Schöpfers auch eine wichtige Aufgabe zu erfüllen hatte. Er verwischte nämlich durch seine innere Unruhe, die ihn im Stall umher trieb, die Spuren, damit die mordenden Soldaten des Herodes den Herrn der Welt nicht fänden.

Und so wissen wir Menschen wohl alle nicht so recht, welche Aufgabe uns der Schöpfer zugedacht hat.

Vielleicht nehmen wir uns auch zu wichtig oder unser Blick ist verstellt, das Wesentliche schauen zu können.

Aber ist es nicht tröstlich zu wissen, dass gerade den Bescheidenen und Demütigen die Gabe gegeben ist, das Wunderbare zu schauen, auch wenn sie es vielleicht nicht immer begreifen.

Doch es ist schon gut, wenn sie es spüren.

Und, manchmal möchte ich wohl auch einer von ihnen sein.

Die Krippe

Trockenes Laub, schon ganz braun,
dürres Gras vom Wiesenrand,
ein wenig Moos, auch schon welk, nicht mehr grün,
aufgeklaubt von zittrigen Händen,
und ein paar Halme Stroh,
Einstreu für Schafe
und Esel und Ochs.
Von der Erde genommen,
geworfen in einen Trog,der schon alt;
und ächzend trägt
er kaum noch die Last.

Ein kleines Kind,
das eben geboren,
findet dort drinnen
sein Bett.
Und Hände, geleitet
von liebendem Herzen,
legen es sanft
in die Gaben der Erde.

Und dieses Leben
bringt Hoffnung,
Freiheit
und Freude und Frieden
noch heut.

Welch ein Wunder!

Ein Brief oder Mein kleiner Freund Lukas

Liebe Freundin, lieber Freund,

die Weihnacht ist vorüber, jene Nacht, in der uns der Herr der Welt mit einem Kind beglückte, dass uns die Botschaft von der Liebe und Güte, dass uns die Botschaft des Friedens bringen sollte.

In jener Nacht erstrahlte der Stern der Verheißung und verkündete diese frohe Botschaft denen, die guten Willens sind, den Armen und Bedrängten, den Hirten und dem gemeinen Volk, den Einfältigen und Weisen.

Den Mächtigen aber blieb diese Botschaft oft fremd und verschlossen, wohl auch, weil ihnen im Wissen und Fühlen ihrer Macht die Einfachheit und Ursprünglichkeit abhanden gekommen war. Ihrer Seele fehlte die Demut, das Kleine, das Unscheinbare schauen zu wollen oder zu können.

In diesem Jahr, meine Lieben, darf ich mich glücklich schätzen, dass das Licht des himmlischen Sterns mir ein wundervolles Glück bescherte, das mich in seiner Einfachheit erwärmte und mich so tief bewegte, dass es mich nicht mehr los ließ.

Es war wohl eine unbedeutende Kleinigkeit in unserem Weltgefüge; und doch führte sie mich an die Grundlage des Menschseins überhaupt und ließ mir mit Bestürzung wieder einmal bewusst werden, mit welcher Arroganz unsere so genannte zivilisierte Welt sich über das für sie Unvollkommene erhaben fühlt.

Nie und nimmer haben Ärzte, Wissenschaftler oder auch so genannte aufgeklärte Eltern begriffen, was menschliches Leben bedeutet, wenn sie bereit waren, nach ihrer Ansicht überflüssigem oder störendem Leben den Atem des Daseins zu nehmen.

Ihr wisst, dass vor elf Jahren unser erstes Enkelkind mit einem

Down - Syndrom zur Welt kam. Ich kann den Augenblick nicht vergessen, als mein Sohn nach der Geburt des kleinen Lukas aus dem Krankenhaus nach Hause kam und mir das Unabänderliche mitteilte.

Die Sprache der Menschen muss da schweigen! Worte sind zu schwach. Sie erscheinen als überflüssig. Nur die Nähe lässt im Schweigen ein Verstehen und Mitfühlen erwachen und lässt den Mut wachsen, die Herausforderungen, die sich ergeben werden, anzugehen. Die Nähe lässt spüren, dass man aus dem Gefallensein wieder emporzusteigen vermag, dass kein Alleingelassensein droht, sondern das Wissen und Fühlen um ein Auf- und Angenommensein stärkt, ja beglückt.

Ich habe Euch dann oft von der weiteren Entwicklung des kleinen Lukas erzählt, von der Kraft, die man braucht, einem solchen Menschen in unserer Gesellschaft einen ihm gerechten Lebensraum zu verschaffen.

Und da muss man bewundern, mit welchem Mut und mit welcher Energie mein Sohn und seine Frau ihm diesen Lebensraum erwirken und mit welcher entschlossenen Bereitschaft die ganze Familie das Ihrige dazutut.

Nun, das ist die eine Seite, zu der noch hinzukommt, wie schwierig manches Mal die persönliche Entwicklung von Lukas zu begleiten ist. Er benötigt sehr viel Aufmerksamkeit und Einfühlungsvermögen, ein Sich-Einstellen auf seine Art zu denken und zu fühlen. Und dann bleibt doch oft ein Gefühl menschlicher Unvollkommenheit, seinen Bedürfnissen gerecht werden zu können.

Die andere Seite aber ist das Glück, ihn in seinem Leben begleiten zu dürfen, in sein Gesicht blicken zu dürfen, aus dem so oft eine heitere Wärme strahlt, ein kleines Glück leuchtet und seine oft spontanen liebevollen Reaktionen zu spüren, mit denen er die Menschen seiner Nähe überrascht.

Nun, auch in diesem Jahr durften wir uns glücklich schätzen, gemeinsam in unserer großen Familie das Fest der Weihnacht zu feiern, das ja so ganz abgestimmt ist auf die Erfahrbarkeit der Geschehnisse durch die kindliche Welt.

So zogen zwei Kinder als Maria und Josef gekleidet von Tür zu Tür, klopften an und baten um ein Nachtquartier. Und so wie damals in Bethlehem, so fand auch in unserem Spiel jeder Hauswirt eine Ausrede, um die beiden Armen nicht bei sich beherbergen zu müssen.

Alle aus der Familie waren in dieses Spiel eingebunden, und von der letzten zugeschlagenen Tür zogen alle zu einem alten Schuppen mit allerlei Gerümpel, einigen Hühnern und Kaninchen.

Auch der Hirt Lukas war dabei. Das schwache, warme Licht der Laterne fiel auf den kleinen Buben. Ein Schaffell hatte er mit der Hand fest an sich gedrückt. In der anderen Hand hielt er seinen Wanderstock, mit dem er nun seinen Hut an der Krempe antippte und leicht nach hinten schob. Still stand er vor der Futterkrippe, in die ein anderer Hirte noch etwas Heu legte.

Und dann wurde das Jesuskind geboren. Es wurde ja, wie jedes andere Kind, in seiner Nacktheit in diese Welt geworfen. Die Maria wickelte es in ein Tuch, damit die Kälte es nicht bedränge, und legte es in die Krippe. Der Josef aber leuchtete mit dem Licht der Laterne der Maria bei ihrem wichtigen Tun.

Nachdem das Lied von dem Kind, das zu Bethlehem geboren ist, verklungen war, trat der Hirt Lukas an die Krippe und breitete sorgfältig das Lammfell über das kleine Jesuskind. Auch alle anderen brachten etwas herbei, was Maria und Josef mit ihrem Kind brauchen konnten und was ihre Not etwas lindern mochte, eine Windel, ein Stück Käse, etwas Milch, einen Apfel oder auch ein Stück Brot und ein Ei.

Und dann schickten sich alle an, das Kind in der Krippe wieder zu verlassen, um ins Weihnachtszimmer zu den Geschenken und dem Tannenbaum zu eilen. Ganz zuletzt standen wir beide nur noch alleine an der Krippe, der Lukas und sein Großvater.

Plötzlich drückte mir der Lukas seinen Stab in die Hand, eilte auf die Krippe zu und fasste sie mit beiden Händen.

„Kalt!“, sagte er und sah mich ernst an. „Ich mitnehmen!“

Er hob die Krippe mit dem Kind an. Wegen ihrer Größe konnte er sie kaum fassen.

„Komm, Hannes!“, sagte er noch zu mir und stapfte mit der Krippe los, durch den Schnee, über den Hof, zur Haustür, in die Wohnstube. Dort stellte er sie mitten ins Zimmer, blickte mich ernst und wichtig an und sagte: „Hier warm!“ Dabei nickte er und strich mit einer Hand das Fell glatt.

Mit einem Mal rief die Lisa: „Guck mal Mama, der Lukas hat die Krippe mitgebracht!“

Und nun scharten sich alle um Lukas mit seiner Krippe. Der blickte in mein Gesicht, und als ich lächelte, da lachte auch er und hüpfte ein paar Mal auf der Stelle.

„Ja“, sagte ich, „der Lukas hat das ganz richtig gemacht. Draußen und auch im Schuppen ist es bitterkalt; das Jesuskind hat gewiss gefroren. Hier drinnen aber spüren wir alle die schöne Wärme, aber auch die Freude, die nun jeder von uns hat.“

Lukas strahlte und drückte sich an seinen Papa, und alle freuten sich mit ihm, dass das Jesuskind bei ihnen in der warmen Stube war und nicht allein im kalten Schuppen.

Ich beobachtete an diesem Abend noch einige Zeit meinen kleinen Freund, wie er mit seinem Traktor und dem Wasserfass um die Krippe mit dem Kind herumfuhr.

Mit einem Mal hielt er inne, erhob sich vom Boden und blickte eine Weile auf das Kind in der Krippe. Dann zog er die Puppe unter dem Fell hervor und drückte sie liebevoll an seine Brust und an sein Gesicht. Bald legte er sie wieder unter das Fell und achtete sorgfältig darauf, dass sie gut zugedeckt war. Er streichelte ihr noch einmal über die Wange und spielte weiter mit seinem Traktor.

Und ein jeder wird mich wohl verstehen, wenn ich behaupte, dass ohne meinen kleinen Freund Lukas die Welt nicht nur um einen liebenswerten Menschen ärmer wäre, sondern dass auch ein Bote der Menschlichkeit und Ursprünglichkeit fehlen würde.

Es grüßt Euch in weihnachtlicher Freude

Euer Hans

Elternliebe

Da wurde ein Kindlein geboren,
damals, im zugigen Stall.
Die Wiege, die war ja ein Trog nur,
das Kissen war Laub, hartes Stroh.
Vielleicht hat es auch noch gefroren,
im Dunkel bei einsamer Nacht.

Die wenigen Menschen, die kamen,
doch sahen die Mutter voll Glück.
Sie wiegte ihr Kind in den Armen
und drückte es an ihre Brust,
und freut' sich: Mein Bub ist geboren!
Und Tränen erglänzten 's Gesicht.

So fühlt sich das Kindlein geborgen
trotz Kälte und bitterer Not.
Denn Eltern mit liebender Sorge,
die gaben Vertrauen und Mut.

Und tief in dem Kindlein verborgen
erwuchs schon der Güte Gebot.

Die Brücke oder Die Zeit der Engel

Die Christnacht war vorüber. Still. Karg. Es gab Augenblicke, die den Menschen erlaubten, einen Hauch von Weihnacht einzuatmen und dem Nächsten zu schenken. Die fernen Donner befohlener Untaten hatten für einige Stunden geschwiegen.

Aber die Hoffnung auf Erlösung konnte nicht erwachen, denn schon bald trieb der Wind den Lärm des Krieges wieder heran. Das Dunkel der drohenden Gewalt ließ die winzige Hoffnung auf Frieden ersterben, es blieb nur noch Resignation.

Nur noch die Angst vor der Brutalität der feindlichen Soldaten trieb die Alten und Schwachen, die noch übrig geblieben waren, und die Mütter mit ihren Kindern vorwärts.

Er war einer der wenigen, die noch Kraft hatten, wach zu bleiben. Auge und Ohr vernahmen den Weg drohenden Unheils. Und er spürte in sich eine innere Not, denen beistehen zu müssen, die nur noch die Angst trieb.

Kaum hatte das neue Jahr begonnen, da pochte er an mancher Tür, leise, doch eindringlich. Den ängstlich Öffnenden flüsterte er die Botschaft von der Zerstörung zu und mahnte zur Flucht.

Es gebe keinen Aufschub und kein Besinnen mehr. Noch in dieser Stunde müsse der Aufbruch erfolgen.

Die mordenden Soldaten des Feindes seien schon nahe, und der Weg in die Freiheit über die Brücke nur noch wenige Zeit geöffnet.

Und damit verschwand der Bote in der Schwärze der Nacht. Den Klang der Schritte dämpfte frisch gefallener Schnee.

Die Mutter nahm ihr Baby und die Kleine und den Kinderwagen und packte hinein, was er tragen konnte.

Sich selber und die Kinder steckte sie in vielfache Hüllen, wohl auch wegen der schneidenden Kälte, die der Wind durch jede Masche blies.

Ein letzter Blick ging durch die Küche, in der im Dämmerlicht der Kerze alles wohlgeordnet erschien. Dann blies sie die Flamme aus.

Erschrocken gewahrte sie das vollkommene Dunkel, in dem gerade der letzte Funke am glimmenden Docht verlosch.

Sie tastete sich nach draußen, wo die Kinder mit dem Wagen warteten. Sie zog die Türe ins Schloss, drehte zweimal den Schlüssel und legte ihn schließlich unter den Steintrog, so wie sie es immer tat.

In diesem Augenblick zweifelte sie am Sinn ihres Tun, aber die Eile, die sie zwang, ließ ihr keine Zeit nachzudenken.

Sie stieß den Kinderwagen mit dem Baby in den frisch gefallenen Schnee und schob ihn mit aller Kraft voran. Die Kleine lief nebenher.

Nur mit Mühe konnten sie den Trittspuren folgen, die der Bote hinterlassen hatte.

Kaum waren sie einige Schritte gegangen, blickte sich die Mutter noch einmal um.

Schwarz hoben sich die Wände ihres Häuschens von dem dunklen Weiß des Schnees ab. Hinter dicken, eilig dahin ziehenden Wolken schimmerte dann und wann dünnes Mondlicht. Gerade so viel, dass sie die Wegspuren erkennen konnte.

Der Wagen pflügte durch den Schnee, unter dem das gefrorene Eis der letzten Tage knackte und knirschte. Immer wieder stieß sie an die unsichtbaren Hindernisse kantigen Eises. Der Wagen holperte und ächzte.

Ein Ruck! Der Wagen stand. Ungeduld und Angst rissen ihn zurück.

Die Kleine stürzte in den Schnee, weinte auf, unterdrückt, da die Mutter sie mit gepresster Stimme anherrschte zu schweigen.

Nun drehte die Frau den Wagen und zog ihn. So ging es etwas besser. Aber sie kamen nur langsam vorwärts.

„Es ist wie damals auf der Flucht nach Ägypten“, dachte die Mutter.

„Aber die hatten wenigstens noch einen Esel und nur ein Kind, und außerdem war auch noch der Mann dabei“, stöhnte sie. Vielleicht war es auch schon ein Fluch.

„Nimm das Kind!“, brummte ganz nahe eine tiefe Stimme. Ein Hüne von einem Mann stand neben ihr, packte die Stange des Kinderwagens und furchte unaufhaltsam vorwärts durch den Schnee.

Sie hatte Not, mit der Kleinen bei zu bleiben.

Nun merkte sie, dass viele Spuren durch den Schnee führten. Aus dem Dunkel tauchten noch dunklere Gestalten auf, schnauften oder stöhnten auch leise vor sich hin und schleppten sich durch den tiefen Schnee.

Für einen Augenblick hatte sie den Wagen mit dem Baby aus den Augen verloren.

Plötzlich stieß sie gegen ihn. Der Wagen stand.

Die Gestalt war fort.

Wieder spannte sich die Mutter vor den Wagen und zog ihn vorwärts.

Es mochte nicht mehr weit bis zur Brücke zu sein.

Wieder riss sie an Kind und Wagen. Aber die Räder blockierten und das Kind stolperte und fiel in den Schnee.

Die Mutter schleifte Kind und Wagen hinter sich her.

Das Kind weinte bitterlich. Der Wagen ächzte. Das Baby im Wagen schlief. Der Mutter liefen die Tränen über die Wangen.

Dann tauchte die Brücke auf.

Der Weg darüber war schon zugesperrt mit Balken und Stacheldraht. Nur an einer Stelle war er noch offen.

Sie waren einige der Letzten, die durch dieses Tor hindurch gingen. Hinter ihr trieben vier oder fünf Soldaten noch ein paar armselige Gestalten vor sich her.

„Pack mit an!“, befahl einer dem Alten.

Und der Alte zog den Wagen mit dem Baby, so gut er es vermochte.

„Wie bei Simon von Cyrene!“, schoss es der Mutter durch den Kopf.

„Aber es ist doch nicht unser letzter Gang?“

Sie waren die Letzten, die die Brücke verließen.

Ein Stück weiter war die Mutter mit ihren Kindern wieder allein. Neben dem Wagen sank sie in den Schnee. Es wurde eine Weile ganz still.

Eine Detonation zerriss die Stille.

Die Mutter schaute sich um. Die Kleine war in den Schnee gesunken.

„Sie schläft", dachte die Mutter.

Das Baby unter dem Kissen begann zu wimmern.

Dann gewahrte sie mit einem Mal, dass der Morgen graute. Vom weißen Schnee hoben sich hier und da dunkle Punkte, Flecken, Umrisse ab.

Die Dämmerung hellte immer mehr auf. Die dunklen Flecken nahmen Formen an: Wagen, Kinderwagen – menschliche Gestalten, Kinder – Kinder, die sich nicht mehr regten.

Ein Schreck durchfuhr sie. Sie sprang auf, warf sich auf die Kleine, riss sie hoch, schüttelte sie, schrie sie an.

Sie riss das Kind an ihren Leib und drückte es.

Gott sei Dank! Es lebte noch!

„Komm, wir müssen weiter!" Der Alte stand wieder bei ihr.

War es der Simon?

„Wer bist du?", fragte die Mutter.

„Ich habe auf euch gewartet. Ihr müsst jetzt gehen! Es ist wegen der Kälte."

Mehr sagte er nicht.

Er nahm den Wagen und zog los. Die Mutter hatte Not, mit der Kleinen bei zu bleiben.

Am Wegrand, dort wo die Spuren sich verliefen und der Schnee sich wie eine große weiße Decke ausbreitete, lagen hier und da ein kleines Gefährt, ein Bündel, ein Erfrorener.

Plötzlich spürte die Mutter, wie wohlige Wärme durch ihren Körper rieselte, wie die Müdigkeit sie immer langsamer gehen ließ.

„Warum bist du so grausam, Gott?", murmelte sie vor sich hin, „warum lässt du den Krieg zu, die Untaten der Menschen?"

Am liebsten mochte sie sich hinsetzen und auf den Tod warten, begraben sein unter einer weißen, warmen Schneedecke.

„Vielleicht liebst du, o Herr, wenigstens die Toten!"

Aber Gott kannte keine Gnade.

„Komm, komm!", rief der Alte, „das nächste Dorf ist ganz nahe."

Und er zog den Wagen, sie schleppte das Kind, durch Eis und Verderben, und rechts und links hockte der Tod.

Aber er musste hocken bleiben.

Christrosen

Nicht einen Augenblick länger wollten die drei Weisen aus dem fernen Land in der Nähe des König Herodes verweilen. Er war ihnen unheimlich. In seinen Augen glaubten sie das Böse zu erblicken, um seinen Mund hatten sich die Falten der Geringschätzigkeit gegenüber allem Lebendigen eingegraben und aus seinen Worten klang die Lüge.

Sie beeilten sich, die Burg zu verlassen. Es war wie eine Flucht. Und Schritt und Herz der weisen Männer wurde erst ruhiger, als sie die Burg des Herodes hinter sich gelassen hatten und sie vor sich wieder den Stern erblickten, dessen Licht sie ihr Vertrauen geschenkt hatten.

Sie spürten es in ihrem Herzen und ihr Verstand ließ es ihnen zur Gewissheit werden: Dieser Stern führt uns den richtigen Weg. Es ist der Stern der Verheißung einer Hoffnung auf die Liebe und Güte in einer friedlicheren Welt. Und darum musste auch der Stern in der Nähe des Unseligen verlöschen und sich dem Blick des Despoten verweigern.

Herodes hatte den drei weisen Männern voller Misstrauen nachgeblickt. Ihr Erscheinen hatte ihn unruhig gemacht. Und mit einem Mal tauchten vor ihm die Erinnerungen an die schrecklichen Untaten auf, die er in seinem Leben begangen hatte und die er in seiner Überheblichkeit und seiner Machtgier beiseite geschoben hatte, damit sie sein Herz nicht bedrängten. Sie machten ihn unsicher. Angst kroch in seine Seele und bedrängte ihn immer heftiger. Sein Gesicht verdunkelte sich noch mehr.

Jeder, der ihm begegnete oder ihn auch nur von weitem sah, floh hinweg und versteckte sich, denn sie kannten die Boshaftigkeit seiner Gedanken, seine Herrschsucht und seine Ungerechtigkeiten.

Die Angst in der Seele des Herodes aber wuchs und beherrschte ihn schließlich so sehr, dass er keinem Menschen mehr vertraute.

Auch seinen engsten Mitarbeitern und seinen Leibdienern misstraute er. Er sah in jedem seiner Untergebenen einen möglichen Mörder, der ihn umbringen würde.

Schließlich schloss er sich ein und wartete mit Ungeduld auf die Nachricht der Weisen, auf die Nachricht von dem neuen König.

Die drei Weisen aber waren schon längst wieder auf dem Weg zurück in ihre Heimat. Der Komet hatte ihnen den Weg nach Bethlehem gewiesen und war über dem Stall stehen geblieben. Die weisen Männer waren in den Stall eingetreten und hatten das Kind gefunden. Voll Dankbarkeit und Ehrfurcht hatten sie vor ihm niedergekniet und ihm ihre Geschenke dargebracht. Wie glücklich waren sie gewesen, diesem neuen Leben begegnen zu dürfen. Und mit einem heiteren Herzen hatten sie sich wieder auf den Weg zurück in ihre Heimat gemacht.

Der Umgebung der verbrecherischen Macht des Herodes wollten sie nicht wieder begegnen.

Als Herodes nichts von den Weisen hörte, wurde er zornig. Für ihn war es unerhört, dass jemand nicht seinen Weisungen folgte. Das hatte bisher noch niemand gewagt. Und außerdem bedrängte ihn die Ungewissheit, nichts von dem Aufenthalt des neuen Königs, der da geboren sein sollte, erfahren zu haben.

Ihn ergriff die böse Angst, seine Macht zu verlieren, und seine dunklen Gedanken irrten in seinem Kopf umher.

„Was soll ich nur tun?“, stöhnte er auf. Und da in seinem Herzen und in seinem Verstand nur noch die Bosheit einen Platz fand, kam ihm bald ein furchtbarer Gedanke.

„Ich muss sie alle umbringen lassen, alle Jungen bis zum Alter von einem Jahr, besser noch bis zum Alter von zwei Jahren“, grübelte er, „ dann ist dieser neue König gewiss darunter.“

Und so befahl er seinen Schreiber Nikodemus zu sich.

Vor Angst bebend trat der Schreiber in die königlichen Gemächer, verbeugte sich dreimal tief vor dem König und erwartete den Befehl.

Herodes schaute ihn misstrauisch an und befahl ihm, sich zu

setzen, seinen Befehl aufzuschreiben und sofort unter strengster Geheimhaltung den Hauptleuten seiner Soldaten zu überbringen.

„Und wenn du irgendetwas verrätst oder den Befehl nicht ausführst, werde ich dich umbringen lassen!", drohte Herodes.

Der Schreiber zitterte so sehr vor Angst und Erschrecken, dass er kaum in der Lage war, die furchtbare Mitteilung aufzuschreiben. Er wagte es nicht, auch nur ein einziges Wort des Bedenkens oder der Kritik zu äußern. Herodes hätte ihn gewiss auf der Stelle ermordet.

Siebenmal musste Nikodemus den Befehl aufschreiben, ihn in einen Umschlag stecken und mit dem königlichen Siegel versehen.

Endlich hatte er das siebte Mal das Siegel in das weiche Wachs gedrückt. Er erhob sich und bewegte sich rückwärts gehend zur Tür, sich immer wieder vor dem Tyrannen verbeugend, der ihn mit bösen Augen verfolgte und noch einmal drohte: „Wehe, wenn du den Befehl nicht unverzüglich und korrekt ausführst! Wehe dir, wenn irgendetwas schief geht!"

Endlich war Nikodemus draußen und schloss die Tür. Erleichtert atmete er auf. Aber nur für einen Augenblick, dann wurde im wieder die Grausamkeit des Befehls bewusst.

„Bisher habe ich alle Befehle des Herodes weitergeleitet", flüsterte er vor sich hin, „aber diesen schrecklichen Befehl, nein, den kann ich nicht…"

Er stockte, denn in diesem Augenblick durchfuhr ein Schreck wie ein Blitz sein Herz und den ganzen Leib. Er erstarrte, blieb regungslos stehen. Und als sich die Erstarrung allmählich löste, wurde er von Verzweiflung geschüttelt: Nikodemus hatte selbst einen Sohn, der noch nicht ganz ein Jahr alt war.

„Nein!", zitterte er, „den Befehl kann ich nicht weitergeben!"

Hastig fuhr er in seinen Mantel und eilte zum Schlosstor hinaus, den Berg hinunter in die Stadt Jerusalem zu seiner Frau. Mit tränenüberströmtem Gesicht kam er dort an. Seine Frau erschrak.

„Nikodemus, was ist geschehen?", rief sie.

Nur stockend und immer wieder in Tränen ausbrechend konnte Nikodemus ihr das Furchtbare mitteilen.

Aber viel zu überlegen gab es da nicht. Es blieb nur noch die Flucht vor dem grausamen König. So rafften sie das Nötigste zusammen und brachen mit ihrem kleinen Sohn auf.

Als sie Jerusalem verließen, versank die Sonne als glutroter Ball. Rebekka blickte immer wieder betrübt zurück auf die dunkelnde Stadt. Sie dachte an ihre Eltern, an ihr kleines Haus und an alle die, die ihnen Freunde waren und die sie ohne Botschaft zurücklassen mussten. Sie musste aber auch an die vielen kleinen Jungen in Judäa denken, die bald von den Soldaten des Herodes umgebracht würden. Wie gerne hätte sie den Kindern und deren Eltern geholfen, sie gewarnt. Aber wie sollte sie das machen, ohne selbst in Gefahr zu geraten.

Unaufhörlich rannen ihr die Tränen über die Wangen und tropften auf den steinigen Weg.

Als sie wieder einmal zurückblickte, erschrak sie. Denn im abend-

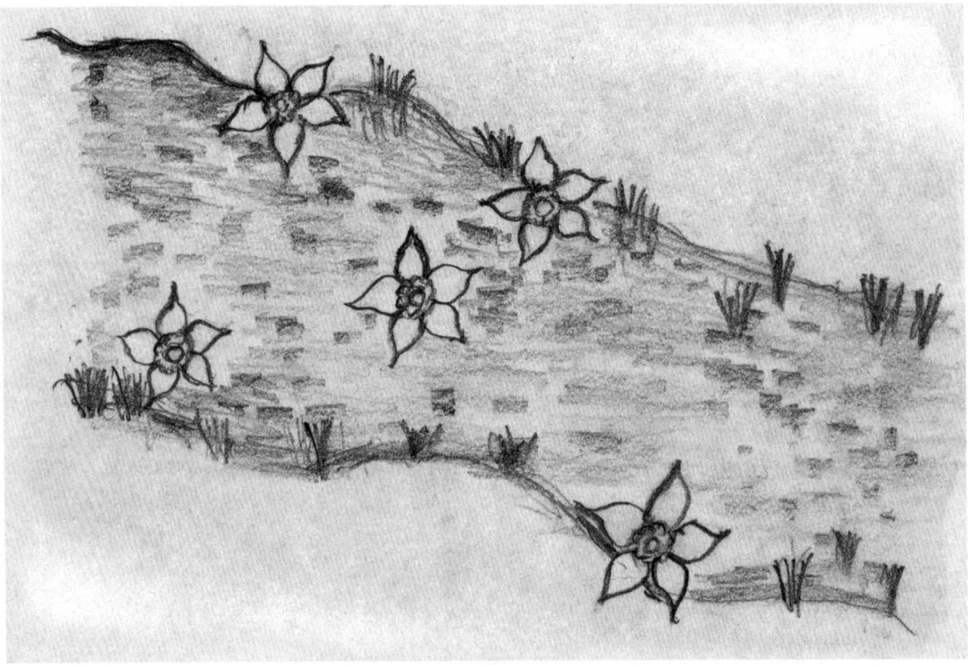

lichen Dämmerlicht leuchteten auf dem Weg viele kleine weiße Blüten.

„Nikodemus!", rief sie erschrocken und ihre Stimme zitterte.

„Was ist?", knurrte Nikodemus unwirsch. „Komm weiter! Wer weiß, vielleicht sind die Soldaten schon hinter uns her!"

„Nun warte doch!", bat sie, „nur einen Augenblick!"

Nikodemus blieb widerwillig stehen.

„Was ist denn?", schimpfte er ungehalten und blickte in das Gesicht seiner Frau. Und dann sah er, wie aus der Träne seiner Frau, die auf den Boden tropfte, mit einem Mal eine Knospe erwuchs. Er sah, wie die Knospe anschwoll, wie sie sich öffnete und ihm bald eine kleine weiße Rose entgegenleuchtete. Dann blickte er auf den Weg, der wie mit dicken weißen Schneeflocken besät erschien.

Rebekka wischte sich die Tränen aus den Augen und lächelte: „Die Blumen schickt uns der Himmel, Nikodemus. Was soll das bedeuten? Das ist ein Wunder!"

Aber nun sah sie, wie Nikodemus sich niederbeugte und in Windeseile versuchte, alle Blumen abzupflücken.

„Nein, Rebekka, das ist kein Wunder", sagte er erschrocken, „die Blumen verraten unseren Weg. Wo gibt es denn so etwas, mitten im Winter eine Straße voller Blumen! Die Blüten werden die Soldaten des Herodes auf unsere Spur führen." Aus seinen Worten sprach eine große Angst.

Und dann sahen die beiden mit Erstaunen, dass Nikodemus die Blumen gar nicht abpflücken konnte. Schon wenn er sie nur mit der Hand berührte, welkten sie augenblicklich dahin, wurden immer weniger, und bald lag nur noch ein dunkler, gekrümmter, kleiner Halm auf dem Boden.

Nikodemus hielt betroffen inne: „Was soll das bedeuten? Das ist wirklich ein Wunder! Vielleicht will Gott etwas von uns!"

„Er will gewiss, dass wir seine Botschaft zu den anderen Menschen bringen", meinte Rebekka. „Gott schenkt das Leben, er lässt die Rosen blühen. Gott will das Leben und nicht den Tod!"

Und plötzlich wich die lähmende Angst aus den Herzen der beiden und sie machten sich auf, um allen, die ihnen begegneten, von dem Schreckensbefehl des Herodes zu berichten und dem Wunder, durch das ihnen der Herr gezeigt hatte, dass er der Schöpfer und Herr des Lebens ist. Und überall, wo in dieser Nacht die Menschen die Botschaft hörten und auf der Flucht waren und ihre Tränen auf den Boden fielen, erwachten die Rosen durch das Nass der bitteren Tränen.

Auf dem Weg ihrer Flucht kamen Nikodemus und Rebekka bald nach Bethlehem. Die Menschen erzählten dort von dem kleinen Kind, das Jesus hieß, und von den weisen Männern, die diesen Jesus aufgesucht und beschenkt hatten und vor ihm in die Knie gegangen waren.

Nikodemus begriff das alles nicht. Er hatte die weisen Männer im Palast des Königs gesehen. Er hatte davon erfahren, dass sie einen neugeborenen König suchten. Aber dass sie ein Kind, das einmal König werden sollte, in einem Stall aufsuchten, das war für den Verstand eines Menschen nicht zu begreifen!

Und obwohl die Zeit drängte zu fliehen, fühlte Nikodemus in sich das Verlangen, jenen Stall mit dem Kind Jesus aufzusuchen.

Vor dem Stall schliefen einige Hirten um die verlöschende Glut einer Feuerstelle. Er schlich leise vorbei und öffnete die Stalltür.

„Komm, Rebekka, hier ist das Kind!", flüsterte er. Im schwachen Schein der Laterne sahen sie die Futterkrippe mit dem schlafenden Kind und daneben, im Dunkel kaum zu erkennen, auf der Strohschütte Maria und Josef in tiefem Schlaf.

Nikodemus war von der friedlichen Stille und dem Anblick so angerührt, dass er einen Augenblick lang vergaß, dass die Soldaten des Herodes bald hier sein konnten.

Doch dann stürzte er auf den Josef zu, rüttelte ihn wach und dann die Maria und drängte sie zur Flucht: „Der König Herodes ist hinter euch her. Er will den Jesus umbringen!"

Und so kam es, dass Maria und Josef mit ihrem Kind noch so gerade vor den Schergen des Herodes fliehen konnten. Sie hasteten aus dem Stall und flohen hinweg in die Berge. Und als Josef einmal den Esel anhielt, um ein wenig zu verschnaufen, da sah er, wie Maria bittere Tränen weinte. Die Tränen tropften auf den Boden und aus ihnen erwuchsen die wunderschönen Blumen mit den weißen Blütenkelchen.

Und so ist es noch heute. Denn, wenn die Weihnacht die Geburt des Erlösers verkündet, erwachen in den dunklen Tagen auch bei uns aus kühlem Erdreich die weißen Christrosen als Zeichen des Lebens, als Zeichen des Sieges über den Tod, als Wegweiser der Hoffnung auf eine friedlichere Welt.

Sie sind geboren aus den Tränen der Väter und Mütter, die auch heute noch weinen aus der Sorge um das Leben ihrer Kinder.

Es sind ungezählte, unzählbare Tränen.

Hans Engels, geb. 1942
in Köln, Elektrolehre,
Studium der Pädagogik/
Religionspädagogik,
1966 – 2001 Lehrer an
verschiedenen Schulen
in der Gemeinde Kürten
(Rhein. Berg. Kreis).

Verschiedene Tätigkeiten
im sozialpädagogischen
und kirchlichen Raum.

Verheiratet,
vier erwachsene Kinder.

Foto: Klaus Daub

Weitere Veröffentlichungen:

Geborgensein
Bilder einer Kindheit

Bernardus Verlag

Lass uns Deine Nähe spüren
Der Mensch auf der Suche nach der Liebe Gottes

Lit Verlag Münster